KB041237

헬렌켈러는
어떤 교육을 받았는가?

헬렌켈러는
어떤 교육을 받았는가?

앤 설리번의 기록

장호정 편역

라의눈

헬렌 켈러는 눈으로 볼 수도 없고, 귀로 들을 수도 없고, 입으로 말할 수도 없는 세 가지 장애를 가졌지만 대학을 졸업해서 시청각 장애인으로는 최초로 학사학위를 받았으며, 나아가 장애인의 권리와 여성 인권 신장, 사형 폐지 운동, 아동 노동과 인종차별 반대 운동에 힘을 기울이면서 세계적으로 유명한 작가이자 연설가로 성장했다. 이런 그녀의 성취를 사람들은 '기적'이라 불렀다. 실제로 시각장애, 청각장애, 언어장애, 이 세 가지 장애를 한꺼번에 가졌다면, 이는 인간에게 닥칠 수 있는 최고의 불행일 것이다. 그런데도 헬렌 켈러는 이 세 가지 장애를 극복하고 타인과 소통하면서 정상인보다 더 훌륭한 업적을 남겼으니 기적이라 불리는 것이 전혀 이상하지 않다.

하지만 헬렌 켈러의 기적을 말할 때 빼놓을 수 없는 사람이 있다. 그녀의 스승 앤 설리번이다. 왜냐하면 설리번의 '교육'이야말로 헬렌 켈러의 '기적'을 낳았다고 해도 과언이 아니기 때문이다. 설리번 역시 절반쯤 맹인인데다 불우한 어린 시절로 인해 굴곡진 삶을 살았고 헬렌 켈러를 처음 만났을 당시 겨우 스물 살에 불과했다. 그러나 이 책을 읽다 보면 앤 설리번이야 말로 타고난 교육자라는 확신이 든다. 그녀는 헬렌의 표정이나 동작에서 마음의 움직임을 통찰해내 적절한 가르침을 행하고 있으며, 무엇보다도 헬렌 켈러 스스로 생각하고 그 생각을 발전시키는 걸 돕는 역할을 했을 뿐 다른 교사들처럼 억지로 주입하는 식의 교육은 하지 않았다. 특히 그녀는 장애를 장애로 여기지 않고 조금만 도와주면 무엇이든 할 수 있다고 믿었기 때문에 정상인과 차별을 두는 교육은 하지 않았다. 그녀의 교육은 이른바 사람들이 말하는 참교육이지 성적순으로 줄을 세우고 뒤떨어진 아이들을 방기하는 교육이 아니었다. 특히 헬렌의 언어 습득 과정을 상세히 기록한 내용은 아이에게 언어 교육을 해야 하는 교사에게 시사하는 바가 클 것이다.

지금까지 헬렌 켈러의 삶에 대해서는 많이 알려져 있지만, 정작 설리번이 어떻게 헬렌을 교육했는지는 단편적으로만 알려져 있을 뿐 그 전모가 소개되지 않았다. 이제나마 그녀가 직접 쓴 기록을 통해 헬렌 켈러에게 행한 설리번의 교육이 어떤 것이었는지 밝힐 수 있게 된 것을 다행으로 여긴다. 설리번의 교육은 장애아 교육에 종사하고 있는 사람들에게 교훈을 제공해줄 뿐 아니라, 외연을 확대해 일반 교육 분야에도 많은 도움을 줄 것이다. 끝으로 절실한 인생 체험에서 나온 것이라 여겨지는 설리번의 명언을 소개한다.

"시작하고 실패하는 것을 계속하라.

실패할 때마다 무엇인가 성취할 것이다.

네가 원하는 것은 성취하지 못할지라도 무엇인가 가치 있는 것을 얻게 되리라."

* 이 책은 존 앨버트 메이시가 편집한 〈The story of my life; with her letters (1887–1901) and a supplementary account of her education, including passages from the reports and letters of her teacher, Anne Mansfield Sullivan〉에서 3부의 'Education(교육)'과 'Speech(말하기)' 항목 중 앤 설리번과 관계된 내용을 번역한 것이다. 존 앨버트 메이시는 하버드 대학교 교수이자 문학비평가로 평소 헬렌 켈러와 앤 설리번에게 도움을 주었으며 나중엔 헬렌의 자서전 집필까지 지원했다. 설리번은 1905년 존 메이시와 결혼했지만 1913년에 이혼했다.

contents

옮긴이의 말 · 4

1

설리번 여사의 편지 · 9
헬렌과의 첫 만남부터

2

헬렌 켈러의 말하기에 대해서 · 197
설리번 여사의 보고서에서

앤 설리번(Johanna Mansfield Sullivan Macy)

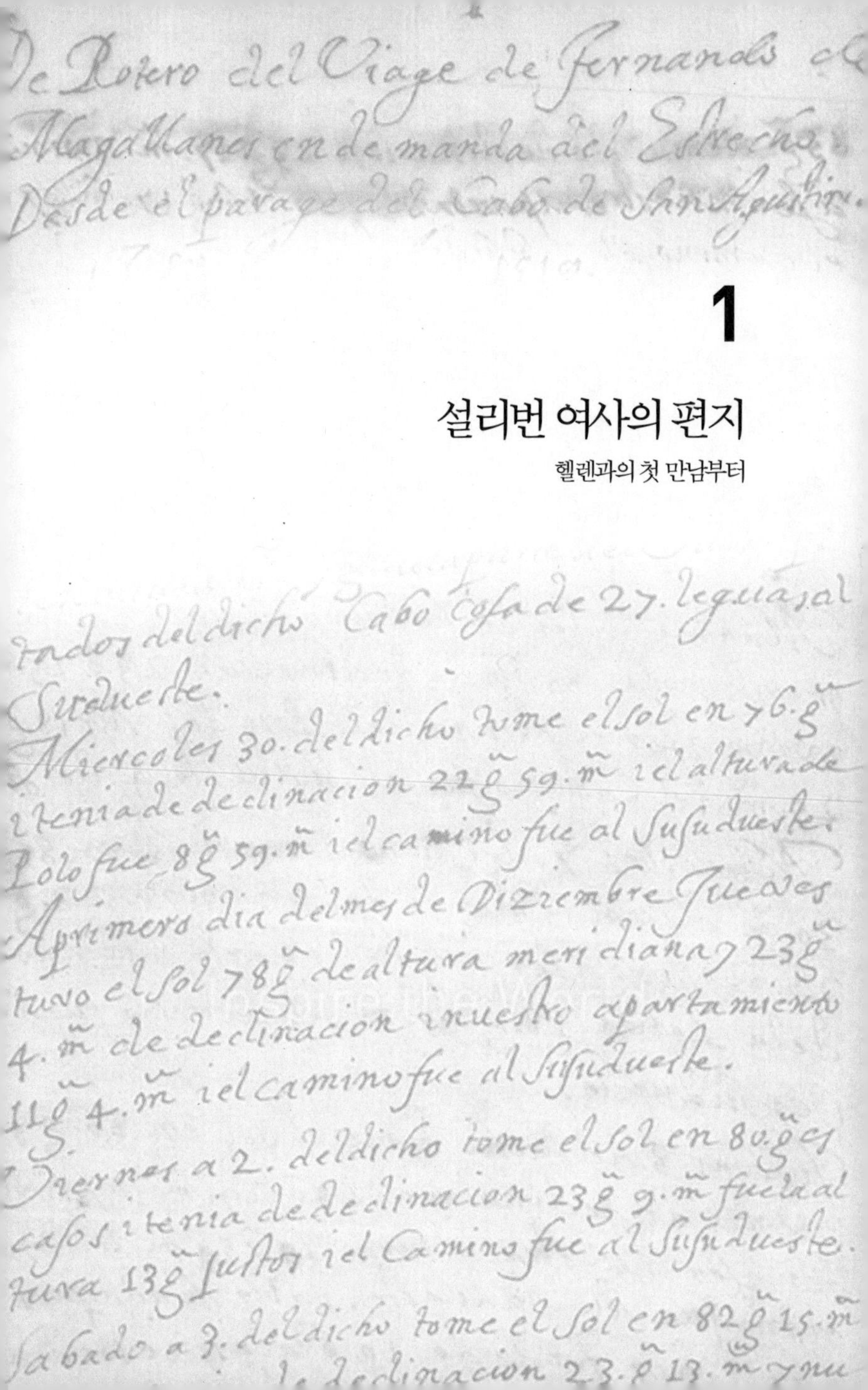

1

설리번 여사의 편지

헬렌과의 첫 만남부터

앤 맨스필드 설리번은 1866년 4월 14일 매사추세츠 주 스프링필드에서 태어났다. 앤의 아버지는 아일랜드 대기근 때 미국으로 이민 온 사람으로 걸핏하면 가족에게 폭력을 행사했고, 어머니는 앤이 여덟 살 때 결핵으로 죽고 말았다. 어머니가 죽고 나서 2년 뒤 아버지가 아이들을 내버리자, 앤은 열 살 때 빈민보호시설에 들어가게 되었다. 빈민보호시설에서 비참한 시절을 보낸 앤에게 세상이란 근본적으로 잔인하고 비참한 것이었다.

특히 앤은 어린 시절 결막염을 앓아서 맹인에 가까운 상태였다. 이로 인해 열네 살 때인 1880년 10월 퍼킨스 매사추세츠 시각장애아 학교에 입학했다. 이곳에서 그녀는 철자법을 배우고 점자를 읽을 수 있게 되었으며 시력도 어느 정도 회복되었다. 특히 퍼킨스 학교의 새로운 교장 마이클 애너그너스는 앤에게 호감을 갖고 후원해주었다. 앤은 학교를 6년간 다니고 1886년에 졸업했는데, 졸업식 때 입은 드레스는 그녀에겐 어머니 같은 퍼킨스 시각장애아 학교 기숙사 여사감인 홉킨스 부인이 만들어준 것이다.

1886년 8월 26일 애너그너스 교장은 앤에게 시각장애인의 가정교사로 일할 의향이 있는지 물어보고는 얼마 후에 헬렌 켈러의 교사로 추천했다. 앤은 1887년 1월까지 약 반년 동안 준비하면서 로라 브릿지먼(1829~1898)의 교육을 맡은 하우이 박사의 보고서를 읽고 공부했다. 로라 브릿지먼은 유명한 시각장애인이자 청각장애인으로 퍼킨스 시각장애아 학교에서 하우이 박사의 교육을 받았고, 하우이 박사는 시각장애인과 청각장애인 교육의 선구자로서 애너그너스 교장의 장인이다.

1887년 3월 3일 앤은 헬렌 켈러 가족이 사는 투스컴비아에 도착했다. 이때부터 헬렌 켈러의 교육이 시작되었는데 헬렌은 만 일곱 살이었다. 헬렌은 생후 1년 8개월 때 심각한 병을 앓고서 청력과 시력을 잃은 뒤 그때까지 어떤 교육도 받지 않았다.

앞으로 실을 내용은 앤이 홉킨스 부인에게 보낸 편지다. 첫 편지는 그녀가 투스컴비아에 도착하고 3일 후인 1887년 3월 6일에 시작한다.

1887년 3월 6일

……제가 투스컴비아에 도착한 시각은 6시 반이었습니다. 켈러 부인과 헬렌의 오빠인 제임스 켈러가 저를 기다리고 있었죠. 두 분의 말로는 이틀간 열차가 도착할 때마다 누군가가 마중 나와 있었다는 거예요. 기차역에서 집까지 약 1마일 정도의 드라이브는 굉장히 멋지고 편안했습니다. 켈러 부인이 저와 나이 차이가 별로 나지 않을 정도로 젊어 보이는 것에 많이 놀랐죠. 남편인 켈러 대위는 마당까지 마중 나와서 저에게 환영과 진심이 담긴 유쾌한 악수를 해주셨습니다. 저는 먼저 "헬렌은 어디 있나요?"라고 물었어요. 그리고 뜨거운 기대감으로 거의 걷지 못할 정도로 몸이 떨리는 것을 온 힘을 다해 억눌렀죠. 집으로 다가가자 문 앞에 서 있는 아이의 모습이 보였습니다. 켈러 대위가 말했어요.

"저 아이예요. 우리가 종일 누군가를 기다리고 있는 걸 내내 알고 있었죠. 엄마가 기차역으로 당신을 마중 나가고부터는 계속 흥분 상태에 빠져 있습니다."

제가 계단을 오를까 말까 했을 때 헬렌이 저를 향해 돌진했습니다. 켈러 대위가 뒤에서 받쳐주지 않았다면 쓰러졌을 정도의 힘이었어요.

헬렌은 제 얼굴과 옷, 가방을 만지다가 제 손에서 가방을 빼앗아 열려고 했죠. 가방이 쉽게 열리지 않자 열쇠 구멍이 있는지 찾으려고 주의 깊게 살폈어요. 열쇠 구멍을 찾아내고는 저를 보고 열쇠 돌리는 시늉을 하면서 손가락으로 가방을 가리켰죠. 그러자 헬렌의 어머니가 가로막으면서 헬렌에게 가방을 만지면 안 된다는 신호를 보냈어요. 어머니가 가방을 빼앗으려고 하자 헬렌은 얼굴이 빨개지면서 몹시 화를 냈습니다. 저는 주의를 끌기 위해 차고 있던 손목시계를 아이에게 쥐여주었어요. 그러자 이내 소란이 그치면서 우리는 함께 2층으로 올라갔습니다.

2층에서 제가 가방을 열자 헬렌은 열심히 가방을 뒤졌어요. 아마 먹을 것이 나오리라 기대했나 봅니다. 예전에 친구들이 헬렌에게 선물할 사탕을 가방에 넣어 온 적이 있어서 제 가방 안에서도 뭔가 찾아내려고 한 것 같아요. 저는 홀에 있는 여행 가방과 저 자신을 가리키면서 고개를 끄덕이며 제가 여행 가방을 가지고 온 걸 이해시켰어요. 그리고 늘 그녀가 먹을 때 취하는 몸짓을 하며 다시 한 번 고개를 끄덕였죠. 헬렌은 전광석화처럼 알아듣고는 여행 가방에 사탕이 들어 있다는 사실을 강한 몸짓으로 어머니께 알려주기 위해 아래층으로 뛰어 내려갔어요. 몇 분 후에 돌아온 헬렌은 제가 짐 정리하는 것을 도와주었죠. 그녀가 점잔을 빼면서 제 모자를 비스듬히 쓰고는 마치 눈이 보이는 듯 거울을 보는 모습은 너무나도 우스웠습니다.

이제까지 저는 왠지 모르게 창백하고 나약한 아이를 상상하고 있었습니다. 로라 브릿지먼이 퍼킨스 시각장애아 학교에 왔을 때의 일을 기록한 하우이 박사의 글을 읽고 그렇게 생각했던 것 같아요. 하지만 헬렌에게서는 창백하고 나약한 모습은 전혀 보이지 않았죠. 몸집이 크고 튼튼했고 혈색도 좋아서 망아지처럼 끊임없이 움직이며 가만있질 못했습니다. 헬렌에겐 시각장애를 가진 아이들이 보이는 유난히 신경질적인 기질이 없었어요. 아이는 체형도 좋고 활기찼습니다. 켈러 부인의 말로는 청력과 시력을 잃게 된 그 병 이후로는 아이가 한 번도 병에 걸린 적이 없다고 합니다.

헬렌의 아담한 머리통은 어깨 위에 반듯하게 놓여 있습니다. 얼굴은 묘사하기가 힘들어요. 표정은 똑똑해 보이지만 움직임이나 영혼 혹은 그 밖의 뭔가가 부족하죠. 입은 크고 예뻐요. 흘깃 보아도 그녀가 눈먼 아이라는 걸 누구나 알 겁니다. 한쪽 눈이 다른 쪽보다 크고 눈에 띄게 튀어나와 있죠. 그녀는 좀처럼 웃지 않아요. 실제로 제가 이곳에 온 이래로 헬렌이 웃는 것을 한두 번밖에 보지 못했어요. 또 반응이 둔해서 어머니 외에 다른 사람이 자신을 만지는 걸 참지 못하는 듯해요. 성질이 매우 급하고 버릇이 없어서 오빠인 제임스 외에는 아무도 그녀를 통제하려고 하지 않습니다.

헬렌의 마음을 다치지 않으면서 어떻게 훈련하고 가르칠지가 앞으로 해결해야 할 가장 큰 과제입니다. 저는 우선 천천히 시작하면서 아이의 애정을 얻을 생각이에요. 힘만으로 아이를 정복하지는 않을 겁니다. 하지만 처음부터 올바른 의미의 복종은 요구할 거예요. 모두들 헬렌이 지칠 줄 모르고 활동하는 데 감탄합니다. 한시도 가만히 있질 못하죠. 이쪽에 있다가도 어느새 저쪽으로 가 있고 어디든 잘 돌아다닙니다. 손으로 모든 걸 만지고 다니지만 오랫동안 그녀의 관심을 끄는 것은 없었어요. 예쁜 아이입니다. 쉴 줄 모르는 아이의 영혼은 어둠 속을 더듬고 있어요. 가르침을 받은 적이 없는, 그래서 만족할 줄 모르는 아이의 손은 물건을 어떻게 다루어야 할지 모르기 때문에 만진 물건은 반드시 망가뜨려버립니다.

제 여행 가방이 도착하자 헬렌은 가방 여는 것을 도와주었어요. 그리고 퍼킨스 시각장애아 학교의 소녀들이 자신에게 보낸 인형을 발견하고는 기뻐했습니다. 저는 이때야말로 아이에게 처음으로 낱말을 가르쳐줄 좋은 기회라고 생각했어요. 그래서 아이의 손에 손가락으로 천천히 'd-o-l-l(인형)'이라고 썼죠. 그리고 인형을 가리키며 고개를 끄덕였습니다. 고개를 끄덕이는 것은 준다는 신호입니다. 헬렌은 누군가에게 물건을 받을 때는 항상 그 물건을 가리킨 다음 자기 자신을 가리키며 고개를 끄덕이죠. 아이는 당황한 듯 제 손을 만지는 거예요. 그래서 저는 다시 한 번 손가락으로 반복해서 썼습니다. 아이는 아주 잘 따라 쓰면서 인형을 가리켰습니다. 그다음 저는 인형을 집어 들었어요. 아이가 글씨를 잘 쓰면 인형을 주려고 말이죠. 그런데 헬렌은 인형을 빼앗기는 줄 알고 갑자기 화를 내며 인형을 움켜쥐려고 하는 거예요. 저는 고개를 가로저으며 아이의 손가락으로 글씨를 쓰려고 했지만 아이는 더욱더 화를 냈습니다. 저는 헬렌을 강제로 의자에 눌러 앉히느라고 녹초가 될 정도였어요. 그때 이런 다툼을 계속하는 건 쓸데없는 짓이라는 생각이 떠올랐죠. 그래서 아이의 주의를 다른 데로 돌려야만 했어요. 결국 전 헬렌을 자유롭게 풀어주었습니다. 하지만 인형은 끝내 주지 않았죠.

저는 아래층으로 가서 케이크를 들고 왔습니다(아이는 단것을 핑장히 좋아해요). 그리고 케이크를 헬렌에게 내밀면서 손에 'c-a-k-e(케이크)'라고 썼습니다. 물론 케이크를 먹고 싶었기 때문에 아이는 빼앗으려고 했죠. 하지만 저는 다시 한 번 이 단어를 쓰고 아이의 손을 가볍게 쳤어요. 아이가 재빨리 글자를 썼기 때문에 저는 케이크를 주었습니다. 헬렌은 내가 다시 케이크를 빼앗을까 봐 허겁지겁 먹어치웠죠. 저는 다시 아이에게 인형을 내밀며 또 한 번 단어를 썼습니다. 케이크를 줄 때와 똑같이 인형을 내밀었죠. 아이가 d-o-l이라고 썼기 때문에 저는 'l'을 덧붙여 써주고 인형을 주었습니다. 헬렌은 인형을 가지고 아래층으로 내려간 뒤 그날은 하루 종일 아무리 불러도 제 방으로 돌아오지 않았어요.

어제는 헬렌에게 재봉 연습용 카드를 주었어요. 제가 세로의 첫 번째 열을 꿰매고 나서 헬렌이 만지게 해서 작은 구멍의 열이 여러 개 있다는 걸 알아차리게 했죠. 아이는 기쁘게 일을 시작해서 단 몇 분 만에 끝냈어요. 정말이지 아주 깔끔하게 해냈죠. 저는 다른 단어를 가르쳐보고자 'c-a-r-d(카드)'라고 썼습니다. 아이는 c-a까지 쓰다가 잠시 멈추고는 무언가 생각했죠. 그러고는 먹는 몸짓을 하면서 아래쪽을 가리키며 문 쪽으로 저를 밀어붙였어요. 제가 케이크를 가지러 아래층에 내려가야 한다는 의미였죠. 당신은 c-a라는 두 글자가 헬렌에게 금요일의 '수업'을 연상시켰다고 생각했을 겁니다. 하지만 아이는 케이크가 물건의 이름이라는 걸 전혀 모르기 때문에 그것은 단순한 연상이라고 저는 생각합니다. 저는 c-a-k-e라는 단어를 다 쓰고 나서 아이의 명령에 따랐어요. 헬렌은 기뻐했습니다.

그리고 저는 d-o-l-l이라고 쓰고 인형을 찾기 시작했어요. 아이는 온갖 동작을 손으로 뒤쫓다가 제가 인형을 찾고 있다는 걸 깨달았죠. 아이는 아래쪽을 가리켰는데 그것은 인형이 아래층에 있다는 뜻이었어요. 저는 아이가 제게 케이크를 가져오게 하고 싶을 때 사용했던 몸짓을 똑같이 따라 하면서 아이를 문 쪽으로 밀었죠. 문 쪽으로 걸어가다 잠깐 망설이면서 갈까 말까 심각하게 고민하더군요. 결국 아이는 저를 대신 보내기로 마음먹었죠. 저는 고개를 흔들며 더 세게 d-o-l-l이라고 쓰면서 문을 열어주었어요. 하지만 아이는 끈질기게 제 말에 따르려 하지 않았죠. 아직 케이크를 다 먹지 못했던 겁니다. 그래서 저는 케이크를 빼앗으면서 인형을 가져오면 케이크를 돌려주겠다고 몸짓으로 해 보였어요. 아이는 붉어진 얼굴로 오랜 시간을 가만히 서 있었습니다. 결국 케이크를 먹고 싶은 욕구가 이기자 아래층으로 내려가서 인형을 가져왔어요. 물론 저는 케이크를 돌려주었죠. 하지만 아무리 설득해도 아이는 다시 방으로 들어가려 하지 않았습니다.

오늘 아침, 제가 편지를 쓰기 시작했을 때 도저히 감당할 수 없는 상황이 일어났어요. 편지를 쓰는 내내 헬렌이 제 뒤에서 잉크병 안에 손을 처넣는 겁니다. 이 편지지의 얼룩은 아이의 소행이에요. 마지막으로 저는 유치원에서 쓰는 구슬이 생각나서 아이에게 구슬에 실을 꿰는 일을 시켰습니다. 먼저 나무 구슬 두 개와 유리구슬 한 개를 실에 꿰어놓은 뒤 실과 구슬 두 상자를 만지게 했어요. 아이는 고개를 끄덕이며 금방 실에 꽉 찰 정도로 나무 구슬을 꿰었어요. 저는 고개를 가로저으며 구슬을 다 빼고서는 나무 구슬 두 개와 유리구슬 한 개를 만지게 했어요. 아이는 그것을 곰곰이 살피고 나서 다시 실에 꿰기 시작했죠. 이번에는 먼저 유리구슬을, 다음엔 나무 구슬을 꿰었어요. 저는 구슬을 빼고 나서 먼저 나무 구슬 두 개를 꿰고 다음에 유리구슬을 꿰도록 가르쳤어요. 아이는 그 뒤로는 쉽게 해냈죠. 빨라도 너무 빠를 정도로 실에 많은 구슬을 꿰었어요. 구슬을 다 꿰서 양쪽 끝을 묶자 저는 그 구슬을 목에 걸어주었습니다. 하지만 두 번째 실은 매듭을 충분한 크기로 만들지 않았기 때문에 구슬을 꿰자 이내 빠져버렸어요. 하지만 아이는

20

실에 구슬을 꿰고 그것을 묶어서 자기 힘으로 곤란을 극복하더 군요. 저는 매우 영리한 아이라고 생각했죠. 저녁때까지 구슬 을 갖고 놀다가 이따금 확인을 받으러 저에게 실을 가져오곤 했어요.

제 눈의 염증이 심해지고 있습니다. 이 편지는 아주 거칠게 쓰였을 거예요. 하고 싶은 말이 너무 많은데 그걸 어떻게 잘 표 현할 수 있는지 생각할 틈이 없었죠. 다른 분들에게는 제 편지 를 보여주지 않았으면 합니다. 하지만 원하신다면 제 친구들에 게는 편지를 읽어주셔도 괜찮아요.

월요일 오후

오늘 아침, 헬렌과 크게 싸웠어요. 저는 힘으로 밀어붙이지 않으려고 최대한 노력했지만 피하기가 굉장히 힘들었어요.

헬렌의 식사법은 어마어마합니다. 남의 접시에 손을 뻗어 마음대로 집어 먹는가 하면 음식이 나오면 맨손으로 먹고 싶은 것을 아무거나 집어 먹어요. 오늘 아침에는 제 접시에 절대로 손을 못 넣게 했어요. 헬렌도 물러서지 않아서 서로 고집을 부렸죠. 당연히 소란이 그치지 않자 가족들 모두 방에서 나가버렸어요. 저는 식당 문을 잠그고 아침 식사를 계속했지만 음식이 잘 넘어가지 않았어요. 헬렌은 바닥에 누워 발로 차고 소리 지르면서 제가 앉은 의자를 밑에서 끌어당기곤 했죠. 이 상태를 30분이나 계속하고 나서 아이는 제가 무엇을 하고 있는지 알려고 일어났어요. 저는 음식을 먹고 있다는 걸 아이에게 알려주었지만 접시에는 손을 못 대게 했어요. 그러자 아이는 저를 꼬집었습니다. 하지만 그럴 때마다 저는 아이를 손바닥으로 찰싹 쳤어요. 아이는 주변에 누가 있는지 식탁 주위를 돌아보았지만 저 말고는 아무도 없는 걸 확인하자 당황했나 봅니다. 몇 분 뒤 자기 자리로 돌아가 손가락으로 아침을 먹기 시작했죠. 제가 숟가락을 건네주자 그걸 바닥에 집어 던지더군요. 저는 아이를 의자에서 강제로 끌어내려 숟가락을 줍게 했습니다. 마침내 겨우 의자에 다시 앉혀서 숟가락을 손에 쥐게 한 뒤 그 상태로 음식을 떠서 입으로 가져가도록 가르쳤어요. 몇 분 동안 헬렌은 저에게 굴복하고 얌전하게 아침 식사를 마쳤죠. 그다음 냅킨을 접는 단계에서 또 싸움이 일어났어요. 아이는 식사를 마치자마자 냅킨을 바닥에 집어 던지고 문을 향해 달려갔죠. 문이 잠긴 걸 알자 또다시 발버둥 치면서 소리 지르기 시작했어요. 무려 한 시간을 싸우고 나서야 헬렌이 냅킨을 접도록 하는 데 성공했습니다. 그런 다음 헬렌을 따뜻한 햇살이 내리쬐는 밖으로 데리고 나갔어요.

저는 제 방으로 올라가서 침대 위에 녹초가 된 몸을 던졌습니다. 한참을 울고 나니 기분이 나아졌어요. 제가 가르칠 수 있는 두 가지 본질적인 것, 즉 복종과 사랑을 아이가 배울 때까지는 오늘 같은 몸싸움을 이 어린 숙녀와 여러 번 해야 할 겁니다.

잘 지내시고, 걱정하지 마십시오. 저는 최선을 다할 것입니다. 나머지는 사람이 할 수 없는 일을 잘 해결해주는 어떤 힘에 맡길 뿐이죠. 저는 켈러 부인을 매우 좋아합니다.

앨라배마 주 투스컴비아 1887년 3월 11일

일전에 편지를 드린 후 헬렌과 저는 '푸른 담쟁이 집'이라고
부르는 켈러의 저택에서 겨우 400미터 떨어진 외딴집에서 단
둘이 살게 되었습니다. 가족이 곁에 있으면 헬렌을 교육할 수
없다고 제가 생각했기 때문이죠. 집안사람들은 늘 헬렌이 하
고 싶어 하는 대로 내버려 두었거든요. 헬렌은 어머니와 아버
지는 물론 하인이나 놀이 동무인 흑인 아이 등 모든 사람들에
게 폭군처럼 행동해왔던 겁니다. 제가 오기 전까지는 오빠인
제임스 외에는 어느 누구도 진심으로 아이의 의지를 거역하려
하지 않았죠. 그래서 여느 폭군이나 마찬가지로 아이는 뭐든
지 원하는 대로 할 신성한 권리를 갖고 있었어요. 갖고 싶은 것
을 갖지 못했다면 그건 무엇을 갖고 싶은지 가정부에게 전달
하지 못했기 때문이죠. 무엇을 갖고 싶은지 전달이 안 될 때마
다 늘 감정이 폭발하는 계기가 되었고, 그 결과 성장함에 따라
욕구가 더욱 강해지면서 아이가 일으킨 소란은 점점 더 폭력
적이 되었습니다.

　헬렌을 가르치기 시작했을 때 온갖 곤란이 저를 따라다녔
어요. 아이는 어떤 일이든 씁쓸한 결과를 낼 때까지는 싸움 없

이 단 한 걸음도 양보하지 않았죠. 저도 아이를 어르고 달래거나 타협할 수 없었어요. 머리를 빗고, 손을 씻고, 신발 단추를 채우는 극히 간단한 일조차 아이에게 시키려면 반드시 강제적인 힘을 써야 했고, 그 결과 말할 나위도 없이 참혹한 장면이 벌어졌죠. 당연히 가족들은 헬렌과 저의 싸움을 말리고 싶어 했어요. 특히 아버지는 헬렌이 울부짖는 모습을 견디지 못했죠. 그래서 평화를 지키기 위해 모두가 기꺼이 항복한 것이었어요. 게다가 아이의 과거 경험과 연상은 모두 저와 대립하는 것이었죠. 아이가 제게 복종하는 법을 배울 때까지는 언어나 그 외의 것들을 가르치려 해도 헛된 일이라는 걸 확실히 알게 되었습니다. 저는 수없이 생각해보았지만 생각하면 할수록 복종이야말로 지식뿐 아니라 사랑까지도 이 아이의 마음속으로 들어가는 문이라는 걸 확신하게 되었어요.

당신께 썼듯이 처음엔 천천히 해나가려고 했죠. 저는 헬렌의 눈이 보이고 귀가 들린다면 반드시 써야 하는 방법으로 이 어린 학생의 사랑과 신뢰를 얻을 수 있다고 생각했어요. 그러나 이내 일반적인 방법으로는 이 아이의 마음에 다가갈 수 없다는 사실을 깨달았습니다. 물론 제가 아이를 위해 하는 일은 모두 받아들였지만 껴안거나 쓰다듬는 것은 거부하더군요. 그래서 헬렌의 애정이나 배려, 남의 칭찬을 기뻐하는 아이다운 마음에 호소할 방법이 전혀 없었죠. 헬렌에겐 단지 하고 싶은지 아닌지 양자택일뿐이었죠.

이 때문에 우리가 어느 한 과제를 위해 학습하고 계획하고 준비해도, 막상 일을 진척시킬 단계가 되면 그토록 노력하고 긍지를 갖고 추구한 방법이 이 경우엔 바람직하지 못하다는 걸 깨닫게 될 때가 있어요. 그렇게 되면 우리는 마음속에 있는 그 무엇- 즉 지식이나 행동을 위해 타고난 능력 -에 기댈 수밖에 없는 겁니다. 정말 필요할 때가 되기 전에는 우리는 그런 능력을 갖고 있다는 것조차 모르죠.

저는 켈러 부인과 솔직하게 이야기했습니다. 이런 환경에서는 헬렌을 교육하기 어렵다는 걸 설명했죠. 적어도 몇 주만이라도 헬렌이 가족과 떨어져 사는 것이 바람직하다는 제 생각을 말씀드렸어요. 제가 일을 해나갈 수 있으려면 무엇보다 헬렌이 저를 신뢰하고 복종하는 법부터 배울 필요가 있었기 때문이죠. 켈러 부인은 이 일에 대해 좀 더 생각해보고 헬렌이 저와 함께 따로 사는 것에 대해 켈러 대위의 생각을 들어보겠다고 하셨어요. 켈러 대위는 이 계획에 즉각 찬성하면서 '낡은 저택'에 딸린 작은 외딴집을 마련해주겠다고 하셨죠. 대위의 말로는

헬렌이 가끔 그 외딴집에 간 적이 있기 때문에 그 장소는 알아
보겠지만 주변 환경까지는 모르고 있으니 헬렌에게 들키지 않
고 매일 방문할 수 있을 거라고 합니다. 저는 되도록 빨리 출발
할 수 있도록 서둘러 준비했습니다. 그리고 지금은 이곳에 있
어요.

　이 작은 집은 정말로 조그만 천국 같습니다. 집에는 커다란
난로와 커다란 창문이 있는 정사각형의 넓은 방 하나, 그리고
저희 시중을 들어주는 흑인 소년의 작은 방이 하나 있어요. 집
앞에는 베란다가 있고 정원 한쪽에는 포도나무가 울창하게 우
거져 있어서 건너편 정원을 보려면 포도나무들을 헤쳐야 할 정
도죠. 식사는 본채에서 베란다로 갖고 와서 저희는 늘 베란다
에서 먹어요. 필요하면 흑인 소년이 난로를 관리해줘서 저는
헬렌에게 모든 주의를 기울일 수가 있어요.

　처음에 헬렌은 몹시 흥분해서 발버둥 치며 울고불고하다
가 결국 혼미 상태에 빠지곤 했어요. 하지만 저녁 식사 시간이
되자 많이 먹고 기운을 내더군요. 다만 제가 자신을 만지는 것
은 거부했죠. 첫날 밤에 아이는 인형과 노느라고 정신이 없었
어요. 그리고 잘 시간이 되자 조용히 옷을 벗었지만, 제가 같은
침대에 들어가는 걸 알자 침대 밖으로 뛰어나갔죠. 침대로 다

시 들어오라고 아무리 불러도 헬렌은 들어오지 않았어요.

하지만 저는 아이가 감기에 걸릴까 봐 걱정이 돼서 반드시 침대에서 자야 한다고 타일렀어요. 다시 끔찍한 싸움이 벌어졌죠. 싸움은 거의 두 시간 남짓 지속되었어요. 저는 그토록 힘세고 끈질긴 아이는 본 적이 없습니다. 하지만 우리 둘에게 다행스럽게도 제가 좀 더 힘이 세고 끈기가 있었죠. 결국 침대로 끌어들이는 데 성공해서 이불을 덮어주었어요. 그러자 그녀는 최대한 침대 가장자리에 붙어서 몸을 웅크리며 잠들었습니다.

다음 날 아침, 헬렌은 고분고분해졌지만 분명히 집을 무척 그리워하고 있었어요. 누군가를 기다리는 듯 몇 번이나 문 앞에 다가갔고 그때마다 자신의 볼을 만졌어요. 그것은 어머니를 보고 싶다는 몸짓이었죠. 그러고는 슬프게 고개를 저었어요. 평소보다 더 많이 인형과 놀았지만 저와 함께 있을 때는 아무것도 하지 않았죠. 헬렌이 인형과 노는 모습을 보고 있노라면 재밌기도 하고 불쌍하기도 했어요. 저는 아이가 특별히 인형을 좋아한다고는 생각지 않아요. 지금까지 인형을 안고 있는 모습을 본 적이 없기 때문이죠. 하지만 그날은 하루 종일 몇 번이나 인형의 옷을 입혔다 벗겼다 하면서, 어머니와 유모가 아직 아기인 헬렌의 여동생을 돌보듯이 인형을 다루었어요.

오늘 아침 헬렌이 좋아하는 인형 낸시는 자신에게 주어진 커다란 숟가락으로 몇 잔 안 되는 우유를 잘못 마셨나 봅니다. 왜냐하면 헬렌이 갑자기 컵을 놓고서 인형의 등을 두드리더니 자신의 무릎 위에 눕히거나 아장아장 걷게 하면서 줄곧 인형을 쓰다듬고 있었거든요. 헬렌의 행동은 몇 분간 지속되었죠. 그러고는 마음이 변했는지 낸시는 무자비하게 바닥에 내팽개쳐져 한쪽 구석으로 밀려났어요. 그 대신 볼이 붉고 곱슬머리인 커다란 인형이 어린 엄마의 보살핌을 한 몸에 받게 되었죠.

헬렌은 이제야 몇 개의 단어를 알고 있어요. 하지만 그 단어들을 쓰는 법이나 모든 사물에는 이름이 있다는 사실은 아직 모릅니다. 하지만 금방 배우게 될 거라 생각해요. 전에 말씀드린 대로 헬렌은 놀라울 정도로 똑똑하고 활발한 데다 동작까지 정말 민첩하거든요.

1887년 3월 13일

제 시도가 뜻대로 잘 되어가고 있다는 걸 들으면 기뻐하실 거예요. 어제도 오늘도 헬렌과 한 번도 싸우지 않았어요. 아이는 새로운 단어 3개를 배웠죠. 제가 사물을 제시하면 그 이름을 외우고 망설임 없이 단어의 철자를 씁니다. 하지만 수업을 마치면 기뻐하는 듯했죠.

오늘 아침 우리는 마당에 나가 신 나게 뛰어놀았어요. 헬렌은 회양목 울타리를 만지면 이내 자기가 어디에 있는지 분명히 알았죠. 그런 다음 제가 이해하지 못하는 다양한 몸짓을 했어요. 틀림없이 '푸른 담쟁이 집'에 있는 여러 사람들을 표현하는 몸짓일 거예요.

저는 방금 매우 놀라운 사실을 들었어요. 애너그너스 선생님은 작년 여름 켈러 대위에게서 편지를 받기 전에 이미 헬렌에 관한 이야기를 들으신 듯합니다. 켈러 가족의 친구인 플로렌스의 교사 윌슨 씨가 작년 여름 하버드 대학에서 공부하고 있을 때, 친구의 아이를 위해 뭔가 할 수 있는 일이 있는지 배우려고 퍼킨스 시각장애아 학교를 찾아갔죠. 윌슨 씨는 교장으로 보이는 신사를 만나 헬렌에 관해 이야기했어요. 윌슨 씨 말로는 그 신사가 특별한 관심은 보이지 않았지만 무엇을 할 수 있는지 생각해보자고 하셨답니다. 애너그너스 선생님이 윌슨 씨와 만난 일을 전혀 언급하지 않은 게 이상하다고 생각지 않아요?

1887년 3월 20일

오늘 아침 제 가슴은 기쁨으로 노래하고 있습니다. 기적이 일어났어요! 지성의 밝은 빛이 제 어린 학생의 마음을 비춰주었죠. 보세요, 모든 것이 변했어요!

2주 전의 어린 야생동물은 얌전한 아이로 변했습니다. 제가 편지를 쓰고 있으면 제 곁에 앉아서 맑고 행복한 표정을 지으며 빨간 스코틀랜드 털실로 사슬뜨기를 해요. 이번 주에 바늘로 짜는 법을 배웠는데 자기가 만든 완성품을 보여주며 자랑했죠. 방 끝까지 닿을 정도로 긴 사슬을 뜨면, 아이는 우쭐거리면서 자신이 만든 첫 작품을 사랑스럽게 볼에 비비며 어루만졌어요.

이젠 제가 키스해도 거부하지 않아요. 정말 기분이 좋을 때는 제 무릎 위에 1, 2분 동안 앉아 있기도 하죠. 하지만 제게 키스는 하지 않네요. 위대한 발걸음- 가치 있는 발걸음 -을 떼었어요. 이 어린 야생아는 복종이라는 첫 번째 교훈을 배우면서 구속이 편하다는 걸 알게 되었죠. 이제 아이의 영혼 속에서 꿈틀거리기 시작한 아름다운 지성에 방향을 잡아주고 만들어가는 것이 제 즐거운 과제가 되었습니다.

이미 사람들은 헬렌의 변화를 눈치채고 있어요. 헬렌의 아버지는 사무실을 아침저녁으로 오가며 우리가 있는 곳에 들르는데, 헬렌이 만족스럽게 구슬을 꿰거나 재봉 연습용 카드에 수평선을 그리는 모습을 보고는 "어쩜 이리도 얌전하지!!" 하며 감탄합니다. 제가 여기 왔을 때 헬렌의 행동은 너무나 집요하고 끈덕져서 늘 뭔가 부자연스럽거나 이상한 느낌이 들 정도였어요.

저는 또 헬렌의 식욕이 줄었다는 걸 알아차렸어요. 이 일 때문에 아이의 아버지는 걱정을 많이 하면서 아이를 집으로 데려가고 싶어 했습니다. 그는 헬렌이 향수병에 걸렸다고 했죠. 저는 동의하지 않았어요. 하지만 우리는 곧 이 작은 집을 나가게 될 겁니다.

헬렌은 이번 주에 몇 개의 명사를 외웠어요. 특히 'm-u-g'와 'm-i-l-k'는 다른 단어보다 더 헬렌의 골치를 썩였죠. 아이는 'm-i-l-k'라고 쓰고서 머그잔을 가리켰고, 'm-u-g'라고 쓰면서는 따르거나 마시는 몸짓을 해 보였어요. 이 두 단어를 혼동하고 있기 때문이죠. 아이는 아직도 모든 사물엔 이름이 있다는 걸 이해하지 못하고 있어요.

어제 헬렌이 공부하고 있을 때 흑인 소년 퍼시에게도 함께 글자를 가르쳐주었어요. 이것이 헬렌을 즐겁게 해서 퍼시를 이기려는 아이의 야심을 자극했죠. 아이는 퍼시가 틀리면 기뻐하면서 몇 번이나 그 글자를 쓰게 하는 거예요. 그러나 헬렌을 기쁘게 하려고 글자를 제대로 쓰면 아이는 오히려 소년의 곱슬머리를 힘차게 때렸죠. 이 때문에 저는 소년이 몇 번은 일부러 틀렸다는 생각이 들었어요.

이번 주 어느 날, 켈러 대위는 아주 자랑스럽게 키우는 사냥개 벨을 데리고 저희를 만나러 오셨어요. 대위는 헬렌이 오랜 놀이 친구를 알아볼 수 있을지 의심하고 계셨죠. 헬렌은 낸시를 목욕시키느라고 처음엔 사냥개가 온 것도 몰랐어요. 평소 헬렌은 굉장히 부드러운 발걸음 소리도 감지해서 주변에 누가 있는지 확인하려고 손을 뻗죠. 벨은 헬렌의 주의를 별로 끌고 싶어 하지 않는 듯했어요. 왜냐하면 벨은 이 어린 여주인에게 가끔씩 난폭하게 당한 적이 있었기 때문이죠.

사냥개가 방으로 들어온 지 30초도 지나지 않아서 헬렌은 냄새를 맡았어요. 아이는 세숫대야에 인형을 던져놓은 뒤 방 안을 살피기 시작했죠. 그러다 켈러 대위가 서 있는 창문 근처에 웅크리고 있던 벨에게 걸려 넘어졌어요. 아이가 그 사냥개를 알아차린 건 분명했어요. 왜냐하면 헬렌이 사냥개 목에 팔을 둘러서 안았기 때문이죠. 그러더니 아이는 사냥개 근처에 앉아서 발을 만지작거리기 시작했어요. 처음에는 아이의 행동이 이해가 가지 않았죠. 그러나 아이가 자신의 손가락으로 'd-o-l-l'이라 쓰는 모습을 보고는 아이가 벨에게 철자법을 가르치려 한다는 걸 알았어요.

1887년 3월 28일

헬렌과 저는 어제 집으로 돌아갔어요. 일주일 더 그 작은 집에서 살고 싶었지만 그럴 수 없는 것이 아쉬웠죠. 하지만 이 2주일 동안 제게 주어진 기회를 최대한 이용할 수 있었다고 생각합니다. 앞으로는 헬렌 때문에 애먹을 일은 없을 거예요. 앞으로 나아갈 길을 가로막는 최대의 장애는 타파했으니까요. 제가 고개를 끄덕이거나 가로저으면서 표현한 '예'와 '아니요'는 뜨거움이나 차가움, 또는 아픔과 기쁨의 차이처럼 아이에게 명확한 사실이 되었다고 생각합니다. 게다가 그토록 힘들게 괴로움과 고난을 겪으면서 배운 교훈을 아이가 쉽게 잊을 리 없다고 생각합니다.

저는 헬렌과 그녀의 응석을 받아주는 부모님 사이에 있습니다. 저는 켈러 대위와 켈러 부인에게 무슨 일이 있어도 제게 간섭하지 말라고 했죠. 헬렌이 하고 싶어 하는 대로 내버려 두는 것이 헬렌에게 전혀 도움이 되지 않는다는 걸 두 분께 이해시키기 위해 온 힘을 다했습니다. 또한 모든 것이 자신이 원하는 대로 되지는 않는다는 걸 아이에게 가르치는 과정은 아이에게나 교사에게나 굉장히 힘든 일이 될 수 있다고 설명했어요.

두 분은 제게 모든 것을 맡기고 가능한 한 돕겠다고 약속해주셨죠. 두 분이 헬렌이 발전했음을 인정했기 때문에 저에 대한 신뢰감이 높아졌어요. 물론 그것은 가족들에겐 힘겨운 일이었죠. 저도 아이가 벌을 받거나 자신의 뜻에 반하는 짓을 하면서 고민하는 것을 지켜보기가 괴로운 일임을 알고 있습니다.

제가 대위와 켈러 부인에게 말씀드리고(두 분은 전적으로 동의 해주셨죠) 2, 3시간 지난 후의 일이었습니다. 헬렌은 식사 중에 냅킨을 사용하지 않으려고 했어요. 저는 헬렌이 무슨 일이 생길지 확인하고 싶어서 그러는 거라고 생각했죠. 저는 아이의 목에 몇 번이나 냅킨을 걸어주었어요. 하지만 그때마다 떼어내서 바닥에 집어 던지더니 종국에는 테이블을 발로 차기 시작하는 겁니다. 저는 아이의 접시를 빼앗고 방 밖으로 내보내려 했죠. 헬렌의 아버지는 어떤 이유든 아이에게서 음식을 빼앗아서는 안 된다고 반대하셨어요.

헬렌은 저녁 식사 후 제 방에 오지 않았어요. 그래서 저는 아침 식사 때까지 아이를 만나지 않았죠. 제가 아래층으로 내려가니 아이는 자리에 앉아 있었어요. 습관대로 냅킨을 목에 거는 대신 턱 밑에 걸치고 있었죠. 아이는 이 새로운 타협으로 제 주의를 끌고, 게다가 제가 반대하지 않자 득의양양했습니다. 식당을 나갈 때 아이는 제 손을 쓰다듬었죠. 저는 '화해'하려고 애쓰는 아이의 모습에 놀랐습니다.

그래서 다소 때늦은 예의범절의 효과를 시험해보려 했어요. 저는 식당으로 돌아가서 냅킨을 가져왔습니다. 헬렌이 수업을 받으러 2층에 왔을 때 저는 평소 하던 대로 테이블 위에 물건을 나열했어요. 다만 아이가 빠르고 정확하게 글씨를 쓰면 상으로 주는 케이크는 없었죠. 아이는 이 사실을 알아차리고 바로 몸짓으로 재촉했어요.

저는 아이에게 냅킨을 보여준 뒤 목에 매어주었죠. 헬렌이 냅킨을 잡아떼서 바닥에 집어 던지자 고개를 가로저었어요. 저는 이 동작을 몇 번 반복했습니다. 아이는 아주 잘 이해했을 거예요. 왜냐하면 아이는 두세 번 손바닥을 치고 고개를 가로저었기 때문이죠.

우리는 평소대로 수업을 했어요. 제가 아이에게 어떤 사물을 주면 아이는 그 사물의 이름을 씁니다(현재 아이는 단어 12개를 알아요). 그런데 단어의 철자를 반 정도 쓰고 나서 어떤 생각이 번뜩인 듯 갑자기 그만두는 거예요. 그러고는 냅킨을 만지더군요. 아이는 목에 냅킨을 걸고 케이크가 먹고 싶다는 몸짓을 했죠(보시는 대로 아이는 c-a-k-e라는 단어를 쓰는 걸 생각하지 못하고 있죠).

저는 이것을 제가 케이크를 주면 착한 아이가 되겠다는 약속의 의미라고 생각했어요. 제가 평소보다 좀 더 큰 케이크 조각을 주자 아이는 킥킥 웃으며 매우 기뻐했어요.

1897년 4월 3일

우리는 거의 마당에서 살다시피 합니다. 마당 어디나 새싹이
돋아나고 알록달록 아름답게 꽃이 피었어요. 아침 식사 후에
우리는 밖으로 나가서 일하는 사람들을 지켜보죠. 헬렌도 다른
아이들과 마찬가지로 흙장난을 좋아해요. 오늘 아침 헬렌은 인
형을 바닥에 세워놓은 뒤 인형이 자기만큼 크면 좋겠다는 것을
제게 보여주려 했죠. 당신은 헬렌이 매우 명민한 것을 알 수 있
겠지만, 그러나 그녀가 얼마나 예쁜지는 알 수 없을 거예요.

우리는 10시에 집에 들어와서 몇 분 동안은 구슬을 꿰니다.
이제 아이는 아주 많은 조합을 만들 수 있고 때로는 새로운 조
합도 생각해내죠. 그런 다음 저는 아이에게 바느질을 할지, 뜨
개질을 할지, 코바늘뜨기를 할지 결정하도록 합니다. 아이는
매우 빠르게 뜨개질을 배웠죠. 지금은 어머니께 드릴 세수수건
을 만들고 있어요. 지난주에는 인형의 앞치마를 만들었는데 또
래 친구들처럼 잘 만들었죠. 하지만 저는 그날의 뜨개질이 끝
나면 늘 안심합니다. 바느질이나 코바늘뜨기는 악마의 발명품
이라고 생각해요. 저는 수건에 가두리를 두를 바엔 차라리 도
로공사에서 돌을 부수는 것이 낫다고 봅니다.

11시에는 체조를 합니다. 아이는 갖가지 맨손 체조와 덤벨을 사용한 '대장간의 합창(Anvil chorus)'을 알고 있죠. 켈러 씨는 아이를 위해 펌프 하우스에 체조장을 마련할 예정이라고 합니다. 그러나 우리 둘 다 정해진 체조보다는 마음껏 뛰어다니는 걸 좋아해요. 12시부터 1시까지는 새로운 단어를 배우는 시간입니다. 하지만 제가 헬렌에게 단어를 가르쳐주는 시간이 이때뿐이라고는 생각지 마십시오. 왜냐하면 저는 하루 종일 우리가 하는 모든 일을 아이의 손에 써주기 때문이죠. 하지만 아이는 아직 그 단어가 무슨 말인지 모릅니다.

점심 식사 후 저는 한 시간 동안 휴식합니다. 헬렌은 인형을 갖고 놀거나 마당에서 흑인 아이들과 장난을 치곤 하죠. 그 아이들은 제가 오기 전부터 헬렌의 충실한 놀이 동무였어요. 나중에 저도 그들과 함께 집 주변을 한 바퀴 돕니다. 마구간에서 말이나 노새를 돌보기도 하고, 알을 발견하기도 하고, 칠면조에게 먹이를 주기도 합니다. 날씨가 좋은 날에는 4시부터 6시까지 드라이브를 하거나 '푸른 담쟁이 집'에 있는 헬렌의 이모나 동네의 사촌 형제들을 만나러 가기도 합니다. 헬렌은 정말이지 타고난 사교가입니다. 사람들에게 둘러싸이거나 친구들을 찾아가는 걸 좋아하는데, 사람들이 늘 헬렌이 좋아하는 과자를 갖고 있기 때문이라 생각합니다.

저녁 식사 후에는 제 방에 가서 8시까지 갖가지 일을 합니다. 8시에는 이 어린아이의 옷을 갈아입히고 재우죠. 이제 헬렌은 저와 함께 잡니다. 켈러 부인은 보모를 붙이려 했지만, 어리석고 게으른 흑인 여성이 돌볼 바에는 차라리 제 자신이 보모가 되는 것이 낫다고 생각했어요. 게다가 저는 헬렌이 모든 일에서 제게 의지하게 하고 싶습니다. 그리고 정해진 시간보다는 수시로 사물을 가르치는 것이 훨씬 쉽다는 걸 알고 있으니까요.

3월 31일, 저는 헬렌이 명사 18개와 동사 3개를 알고 있다는 것을 발견했습니다. 여기에 그 단어 리스트가 있어요. X표가 있는 단어는 헬렌이 먼저 물어본 단어입니다. doll(인형), mug(머그잔), pin(핀), key(열쇠), dog(개), hat(모자), cup(컵), box(상자), water(물), milk(우유), candy(사탕), eye(x, 눈), finger(x, 손가락), toe(x, 발가락), head(x, 머리), cake(케이크), baby(아기), mother(어머니), sit(앉다), stand(서다), walk(걷다). 4월 1일에는 knife(나이프), fork(포크), spoon(숟가락), saucer(접시), tea(차), papa(아빠), bed(침대)라는 명사와, run(달리다)이라는 동사를 배웠죠.

1887년 4월 5일

오늘 아침 너무나 중요한 일이 벌어져서 당신에게 꼭 몇 자 보내드리고 싶습니다. 헬렌이 배움에서 두 번째 위대한 발걸음을 내딛기 시작했거든요. 아이는 모든 사물에는 이름이 있다는 것과, 수화(手話) 문자가 자신이 알고 싶어 하는 모든 것의 열쇠라는 걸 깨달았습니다.

예전 편지에서 'm-u-g(머그잔)'와 'm-i-l-k(우유)'를 가르치는 일이 다른 어떤 단어보다 힘들었다고 쓴 적이 있을 거예요. 아이는 'd-r-i-n-k(마시다)'라는 동사와 이 두 가지 명사를 혼동했죠. 'd-r-i-n-k'라는 단어를 모르니 'm-u-g'나 'm-i-l-k'를 쓰고도 항상 마시는 몸짓을 했습니다. 오늘 아침 얼굴을 씻다가 아이는 'w-a-t-e-r(물)'라는 단어를 알고 싶어 했어요. 무언가의 이름을 알고 싶으면 알고 싶은 사물을 손가락으로 가리킨 다음 제 손바닥을 칩니다. 저는 'w-a-t-e-r'라고 써주었죠. 그리고 아침 식사가 끝날 때까지 이 일에 특별히 신경 쓰진 않았어요.

아침 식사 후 저는 이 새로운 단어를 이용해서 'mug-milk'의 어려움을 해결할 수 있겠다는 생각이 들었습니다. 우리는 펌프로 가서 제가 펌프질을 하는 동안 헬렌에겐 물이 나오는 곳 아래에 컵을 들고 있게 했어요. 찬물이 쏟아져 컵에 물이 가득 찼을 때 헬렌의 빈손에 'w-a-t-e-r'라고 썼죠. 그 단어가 손바닥에 힘차게 쏟아진 찬물의 감각과 딱 맞은 것이 아이를 깜짝 놀라게 한 모양입니다. 아이는 컵을 떨어뜨리고 그 자리에 못 박힌 듯 서 있었어요.

환한 표정이 아이의 얼굴에 나타났죠. 아이는 몇 번이나 'w-a-t-e-r'라고 썼어요. 그리고 바닥에 떨어트린 것의 이름을 묻고, 또 펌프나 격자 울타리를 가리키고, 갑자기 뒤돌아보며 제 이름을 묻는 겁니다. 저는 'teacher(선생님)'라고 썼어요. 때마침 보모가 헬렌의 여동생을 펌프가로 데려왔죠. 헬렌은 'baby(아기)'라고 쓰고 보모를 가리켰어요. 집으로 가는 내내 헬렌은 굉장히 흥분해서, 손에 닿는 사물의 이름을 모두 배웠어요. 몇 시간 만에 새로운 단어 서른 개를 더 알았죠. 그중 몇 개를 알려드리면 door, open, shut, give, go, come, 이 밖에도 아주 많아요.

– 저는 이 편지를 어젯밤에 마무리하지 못했어요. 그래서 한마디만 덧붙이겠습니다. 헬렌은 오늘 아침 빛나는 요정처럼 눈을 떴어요. 아이는 이것저것 사물을 집어 들면서 그 이름을 묻고는 매우 기뻐하며 제게 키스했어요. 어젯밤 제가 잠자리에 들자 제 품에 들어와 처음으로 키스를 하는 겁니다. 가슴이 터질 것 같았어요. 충만한 기쁨으로 말이죠.

1887년 4월 10일

헬렌이 매일매일, 아니 거의 매 시간 발전하는 것이 보입니다. 이제 헬렌에게 모든 사물은 이름을 갖고 있어야 하죠. 어딜 가든 집에서는 들어본 적이 없는 사물의 이름을 열심히 묻습니다. 친구들에게 단어를 써주고 싶어 하거나 만나는 사람마다 자꾸만 철자를 가르쳐주고 싶어 하죠. 언어를 사용할 수 있게 되자 지금까지 했던 신호나 몸짓은 그만두었어요. 그리고 새로운 단어를 외우는 것은 헬렌에겐 더할 나위 없는 기쁨이 되었죠. 게다가 우리는 아이의 얼굴 표정이 날마다 풍부해지는 걸 알았어요.

저는 이제 규칙적인 수업을 하지 않기로 결정했어요. 저는 헬렌을 딱 2살짜리 아이 다루듯이 다루고 있죠. 아이가 아직 쓸모 있는 용어를 습득하지 않은 시기에 학습 시간이나 장소를 정하거나 또는 정해진 과제를 외우게 하는 것은 잘못된 방법이라는 걸 최근에 깨달았습니다.

헬렌을 재우고 의자에 앉아 생각했어요. '보통 아이들은 어떻게 언어를 습득할까'하고 자문을 했죠. 해답은 아주 간단했어요. '모방에 의해'서였죠. 아이는 태어나면서부터 배우는 능력을 갖고 있어서 외부로부터 충분한 자극을 받기만 하면 스스로 배웁니다. 사람들이 하는 짓을 보면 따라 하기도 하고 말하는 것을 들으면 따라서 말하려고 하죠. 그러나 아이는 말을 하기 훨씬 전부터 자신에게 말한 내용을 모두 이해합니다.

저는 요즘 헬렌의 어린 사촌 동생을 관찰하고 있습니다. 생후 15개월 정도 되는 아이지만 이미 많은 것을 이해하고 있죠. 묻는 것에 답하면서 코, 입, 눈, 턱, 볼, 귀 등을 앙증맞게 가리킵니다. "아가, 다른 쪽 귀는 어디 있지?" 하고 물으면 정확하게 손가락으로 가리킵니다. 꽃을 건네주며 "엄마한테 주고 오렴" 하면 꽃을 어머니께 가져갑니다. "장난꾸러기는 어디 있을까?" 하면, 엄마 뒤에 숨거나 손으로 자기 얼굴을 가리면서 장난 어린 표정으로 저를 엿보곤 합니다. 그리고 '이리온', '뽀뽀해', '아빠한테 가렴', '문 닫아', '비스킷 줄래?' 등의 명령에 따릅니다. 아기는 이런 말들을 몇백 번 반복해서 들었지만 어느 하나 스스로 말하는 것을 들어보지 못했어요. 하지만 아기가 이런 말들을 이해하는 것은 분명해요.

이 경험을 통해 헬렌에게 말을 가르칠 하나의 실마리를 터득했습니다. 저는 아기의 귀에 이야기하듯 헬렌의 손에 이야기하기로 했죠. 헬렌도 보통 아이들처럼 따라 하는 능력이 있다고 생각해요. <u>그녀에게 올바른 문장으로 이야기하고</u>, 필요할 때는 몸짓이나 헬렌 특유의 신호로 의미를 보충할 겁니다. 하지만 저는 어떤 한 가지 일에 헬렌의 마음을 잡아둘 생각은 없어요. 헬렌의 마음을 자극하고 흥미를 일으킬 수 있도록 온 힘을 다한 뒤에 결과를 기다리겠습니다.

1887년 4월 24일

이 새로운 계획은 아주 잘 진행되고 있어요. 지금 헬렌은 100개 이상의 단어의 의미를 알고 있고, 현재 자신이 극히 어려운 일을 하고 있음을 전혀 모른 채 매일 새로운 것을 배우죠. 마치 새가 나는 법을 배우듯 아이도 배우지 않으려야 않을 수 없기 때문에 배우는 겁니다.

그러나 아이가 '유창하게 말한다'고는 생각지 마십시오. 어린 사촌 동생과 마찬가지로 헬렌도 단어 하나로 모든 문장을 표현하죠. 몸짓으로 '우유'라고 표현하면 '우유를 더 달라'라는 뜻이 되고, 무언가 궁금해하는 표정으로 '엄마'라고 표현하면 '엄마는 어디 있나요'의 뜻이며, 또한 '간다'는 '나는 밖으로 나가고 싶다'라는 뜻입니다. 그러나 제가 헬렌의 손에 '내게 빵을 주세요'라고 쓰면 그녀는 제게 빵을 주고, '모자를 가지고 오세요. 산책하러 갑시다'라고 말하면 즉각 그 말대로 따릅니다. '모자'와 '걷다'라는 두 단어가 헬렌에겐 밖으로 나간다는 말과 똑같은 효과를 주죠. 하지만 문장 전체를 하루에 몇 번씩 반복하다 보면 시간이 지나면서 그 문장은 아이의 두뇌에 새겨질 것이고 결국 스스로 문장을 쓰게 될 겁니다.

우리는 지능 발달에 대단한 도움을 주는 동시에 언어 공부라는 목적에도 걸맞는 간단한 게임을 합니다. 그것은 '골무 찾기'를 변형한 게임이에요. 공이나 실패 등을 숨겨놓고 그것을 같이 찾는 거죠. 2, 3일 전에 처음 이 게임을 할 때만 해도 헬렌은 찾는 법을 전혀 생각해내지 못했어요. 공이나 실패를 숨길 수 없는 곳을 찾는 거죠. 예컨대 공을 숨기면 서판(書板) 밑을 찾고, 실패를 숨기면 1인치도 안 되는 작은 상자 속을 찾곤 했어요. 그러다가 찾지 못하면 금방 포기해버렸죠. 그런데 지금은 이 게임으로 한 시간 이상 헬렌의 흥미를 끌 수 있어요. 아이는 탁월한 능력을 발휘해서 종종 물건 찾기에 놀라운 창의력을 보여주곤 하죠. 오늘 아침에 저는 크래커를 숨겼습니다. 아이는 예상되는 곳은 모두 찾아보았지만 좀처럼 찾지 못했죠. 거의 포기할 즈음 아이의 얼굴에 어떤 생각이 번뜩였어요. 즉시 저에게 달려와 제 입을 크게 벌리고 꼼꼼히 살폈죠. 입안에서 크래커를 찾지 못하자 아이는 제 배를 가리키며 '먹다(eat)'라고 썼어요. 그것은 '선생님이 비스킷을 먹어버렸죠?'라는 의미였죠.

금요일에 우리가 마을에 나갔을 때 우연히 한 신사가 헬렌에게 사탕 몇 개를 주었어요. 아이는 작은 사탕을 앞치마 주머니에 넣고 나머지를 먹었죠. 집으로 돌아가자 아이는 어머니를 찾아서 '아기에게 사탕을 준다(Give baby candy)'라고 말했어요. 켈러 부인이 '안 돼-아기는 먹을 수-없어(No-baby eat-no)'라고 썼죠. 헬렌은 요람으로 다가가 밀드레드의 입을 만지며 자신의 이를 가리켰어요. 켈러 부인이 '이(teeth)'라고 쓰자 헬렌은 고개를 끄덕이며 '아기 이-없어, 아기 먹지-못해(Baby teeth-no, baby eat-no)'라고 썼어요. 물론 이것은 '아기는 이가 없기 때문에 먹을 수 없다'라는 뜻이죠.

1887년 5월 8일

이제 유치원에서 쓰는 교구는 필요 없어졌습니다. 처음에는 무엇을 어떻게 해야 할지 몰라서 갖고 있던 구슬이나 카드, 빨대를 사용했었죠. 그런 것들은 과거에는 필요했지만 이제는 더 이상 아닙니다.

저는 요즘 공들여 만든 특수교육 방법에 의문이 생기기 시작했어요. 저는 이런 방법들이, 아이들은 생각하는 법을 가르쳐야 할 우매한 자라는 가정하에 만든 것이라고 생각합니다. 하지만 아이들은 하고 싶은 대로 내버려 두면 설사 눈에 띄지 않더라도 더 좋은 생각을 더 많이 할 거예요. 부드러운 목소리를 가진 선생님이 집 안의 작고 둥근 책상 앞에 아이들을 앉혀 놓고는 나무 블록으로 돌담을 만들라거나, 가는 색종이로 무지개를 만들라거나, 구슬로 만든 꽃병에 짚으로 된 나무를 심으라고 말하는 대신 아이들이 자유롭게 돌아다닐 수 있게 하고 사물을 직접 만지고 느낀 것을 정리할 수 있게 해야 합니다. 왜냐하면 이런 선생의 교육 방법은 아이들이 생생한 경험을 통해 자유로운 생각을 기르기도 전에 마땅히 없어져야 할 부자연스러운 연상으로 마음을 꽉 채워버리기 때문이죠.

헬렌은 명사를 배울 때처럼 쉽게 형용사와 부사를 배웁니다. 사고는 항상 낱말을 앞서 있죠. 제가 여기 오기 훨씬 전부터 아이는 '작다/크다(small/large)'를 몸짓으로 표현하고 있었어요. 만약 작은 것을 원하는데 큰 것이 주어지면 고개를 가로저으며 한쪽 손의 피부를 다른 쪽 손끝으로 살짝 집습니다. 큰 것을 원할 때는 양손을 가능한 한 넓게 펴서 큰 공을 잡듯 손을 합치죠. 어느 날 저는 이러한 몸짓을 '작다'와 '크다'는 낱말로 대체했어요. 그러자 아이는 이내 낱말을 사용하기 시작하면서 몸짓을 그만두었죠. 이젠 커다란 책이나 작은 접시를 가져오라든지, 천천히 2층으로 올라오라든지, 빨리 뛰거나 급하게 걸으라고 말할 수가 있습니다. 오늘 아침 헬렌은 처음으로 접속사 '그리고(and)'를 사용했어요. 제가 문을 닫으라고 말하자, 아이는 '그리고 문을 잠그다(and lock)'라고 덧붙여 얘기하더군요.

몇 분 전에 헬렌은 매우 흥분한 상태에서 2층에 있는 제 방으로 달려왔어요. 저는 처음에는 그 이유를 몰랐죠. 아이는 '개-아기(dog-baby)'라고 여러 번 쓰고서 다섯 손가락을 번갈아 빨았어요. 처음에는 개가 밀드레드를 다치게 한 줄 알았지만, 헬렌의 빛나는 표정을 보자 제 불안감은 사라졌어요. 무슨 일이 생겼는지 전말을 파악하려면 아이와 함께 가야 했죠.

헬렌은 저를 펌프가로 데려갔는데 그곳 구석에는 세터 사냥개와 귀여운 강아지 다섯 마리가 있었어요. 헬렌에게 '강아지(puppy)'라는 단어를 가르쳐주고 젖을 먹고 있는 강아지를 만지게 한 뒤 '강아지들(puppies)'이라고 써주었죠. 그녀는 어미 개가 젖을 먹이는 것을 신기해하면서 몇 번이나 '어미 개(mother-dog)', '아기(baby)'라고 썼어요. 헬렌은 강아지가 눈을 감고 있는 걸 알자, '눈은 감고 있지만 강아지는 자고 있지 않다(The eyes are shut, but the puppies are not asleep)'라는 의미로 '눈-감다(Eyes-shut)' '자다-아니다(Sleep-no)'라고 말했죠. 강아지들이 어미 곁으로 낑낑거리며 돌아가려는 것을 알고는 매우 즐거워했죠. 그래서 '아기-먹다, 크다(Baby-eat, large)'라고 쓰더군요. 이것은 '아기는 많이 먹는다(Baby-eat-much)'라는 뜻이었을 거예요. 헬렌은 강아지와 자신의 다섯 손가락을 하나씩 대응시키고 있었죠. 전 '다섯(five)'이라는 단어를 가르쳐주었어요. 그러자 한 손가락을 세워 '아기'라고 말했어요. 헬렌이 밀드레드를 말하고 있다는 것을 알고 저는 '아기 한 명과 다섯 마리의 강아지'라고 써주었죠. 헬렌은 한참 동안 강아지와 놀다가 강아지도 사람처럼 각자 이름이 있을 거라는 생각이 들자 강아지 한 마리씩 이름을 물었어요. 제가 아버지께 물어보겠다고 말하자 '아니, 엄마(No, mother)'라고 말했어요. 강아지뿐만 아니라 아기에 대해서는 엄마가 더 잘 알 거라고 확신하고 있었던 겁니다.

한 마리의 강아지가 다른 강아지보다 작은 걸 알자 몸짓과 함께 '작다(small)'라고 썼습니다. 그래서 저는 '매우 작다(very small)'라고 말했습니다. 헬렌은 '매우(very)'가 자신이 이해한 새로운 것의 이름이라는 걸 명백히 알았죠. 집으로 돌아가면서 어떤 돌은 '작다'라고 하고 또 다른 돌은 '매우 작다'라고 하는 등 매우 올바르게 사용하고 있었어요. 어린 동생을 만지면서는 '아기-작다(Baby-small)', '강아지-매우 작다(puppy-very small)'라고 말했죠. 얼마 안 가 헬렌은 보폭을 작은 보폭에서부터 큰 보폭까지 바꾸기 시작했는데 종종걸음을 하는 것은 '매우 작다'였어요. 지금 헬렌은 온 집 안을 걸어 다니면서 온갖 사물에 새로운 낱말을 사용합니다.

제가 규칙적인 수업에 대한 생각을 버리고 나서부터 헬렌은 오히려 더 빨리 배우고 있어요. 저는 아이에게 가르치는 일이 뿌리를 내렸는지 확인하기 위해 아이에게 손을 쓰는 것은 대단한 시간 낭비라고 확신합니다. 아이는 자신의 의무를 다하고 있고, 또한 뿌린 씨앗은 머지않아 열매를 맺는 법이라고 생각하는 것

이 훨씬 낫다고 생각합니다. 어쨌든 이렇게 하는 것이 아이에게
도 바람직할 뿐만 아니라 교사에게도 쓸데없는 걱정을 많이 덜
어주죠.

1887년 5월 16일

우리는 매일 아침 식사를 마치고서 바로 오랫동안 산책합니다. 날씨도 좋고 주변에는 딸기 향기가 감돌죠. 목적지는 2마일 정도 떨어진 테네시 강가에 있는 '켈러의 부두'입니다. 우리가 어떻게 그곳에 갔는지, 또 어느 순간 어디에 있었는지 하나도 기억나지 않아요. 하지만 모든 게 새롭고 뭔가 색다른 일들이 뜻밖에 우리를 즐겁게 했죠. 저는 이제까지는 정말로 이런 곳을 본 적이 없었어요. 헬렌은 길을 걸으면서 많은 것을 물었죠. 우리는 나비를 쫓다가 가끔은 잡았어요. 그럼 나무 아래나 수풀 그늘에 앉아 나비에 대해 이야기합니다. 수업이 끝난 뒤에도 나비가 살아 있으면 놓아주죠. 대부분 나비의 생명과 아름다움은 수업이라는 제단에 바쳐집니다. 하지만 또 다른 의미에서 나비는 영원히 사는 거예요. 왜냐하면 그 나비가 살아 있는 사고로 변형되었기 때문이 아닐까요? 낱말이 사고를 낳는다니 얼마나 놀랍습니까! 헬렌이 새로운 단어를 배울 때마다 더 많은 언어가 필요하게 되죠. 그녀의 정신은 멈출 줄 모르는 활동을 통해 성장합니다.

켈러의 부두는 남북전쟁 동안에는 군대 부두로 사용되었지만 오랫동안 폐허 상태로 방치되어서 이끼나 잡초가 무성했어요. 그곳의 쓸쓸함은 사람들을 공상에 빠지게 합니다. 부두 근처에 헬렌이 '다람쥐 컵(squirrel-cup)'이라 부르는 작고 아름다운 샘이 있어요. 이렇게 부르는 것은 다람쥐가 그 샘에 물을 마시러 간다는 제 이야기를 들었기 때문이죠. 헬렌은 죽은 다람쥐나 토끼, 그 밖의 동물을 만져본 적이 있어요. 그래서 '걷는 다람쥐(walk-squirrel)'를 보고 싶어 하죠. '걷는 다람쥐'란 '살아 있는 다람쥐(live-squirrel)'를 말하는 겁니다.

우리는 항상 저녁 식사 즈음에는 집으로 돌아갑니다. 돌아가면 헬렌은 자신이 본 모든 것을 어머니께 말하고 싶어 하죠. 자신이 들은 이야기를 남에게 이야기하고 싶어 하는 욕구는 현저한 지적 진보라는 걸 나타내고 있고, 그 결과 언어의 습득에 정말 귀중한 자극이 됩니다. 저는 헬렌의 모든 친구들에게도 헬렌의 용기를 북돋아서 자신의 행동을 이야기하게 하고, 또 헬렌의 사소한 진보에도 가능한 한 호기심이나 기쁨을 표현해 주었으면 좋겠다고 부탁합니다. 그러면 다른 사람의 칭찬에 기뻐하는 아이의 마음을 만족시켜서 사물에 대한 흥미가 오래가게 하죠. 이것이 진정한 교류의 토대가 됩니다. 물론 헬렌은 실수를 많이 하고, 단어와 글귀를 헛갈리고, 앞뒤를 잘못 말하고,

명사와 동사가 뒤죽박죽 섞여서 혼란스러워하기도 해요. 하지만 이런 실수는 귀가 들리는 아이들도 하죠. 저는 이 어려움은 어떻게든 해결할 수 있다고 확신합니다. 이야기하고 싶다는 충동은 매우 중요한 거예요. 저는 여러 곳에서 단어나 때로는 문장을 보충해서 아이가 빠뜨리거나 잊어버린 것들을 암시하죠. 이처럼 아이의 어휘는 급속히 늘어나면서 새로운 언어들이 싹트고 새로운 사고를 자아냅니다. 정말로 언어는 천지를 창조하는 본질인 거죠.

1887년 5월 22일

저는 매일매일 일이 재미있어서 더 일에 빠져듭니다. 헬렌은 놀라운 아이라서 자발적으로 열심히 배우려 해요. 첫 단어를 배운 지 3개월도 되지 않았지만 이젠 300개 정도의 단어와 아주 많은 관용어를 알고 있죠. 활발한 마음의 탄생과 성장, 그리고 처음의 연약한 고투를 지켜볼 수 있는 것은 아무나 할 수 없는 특권입니다. 그리고 그 특권이 저에게 주어졌죠. 더욱이 이 빛나는 지성을 불러일으켜 인도하는 것이 제게 맡겨졌죠.

이 중대한 과제를 제가 잘 해낼 수만 있다면 얼마나 좋을까! 하지만 제가 이 일에 부적합하다는 걸 나날이 강하게 느낍니다. 아이디어는 많지만 그것을 구체화할 수 없는 거예요. 당신도 알다시피 제 마음은 종잡을 수 없을 정도로 정리가 되질 않아서, 어두운 구석에 갖가지 일들이 여기저기 뒤죽박죽 얽혀 있습니다. 마음을 잘 정리할 수 있으면 정말이지 좋을 텐데 말입니다! 오, 누가 저를 도와줄 수 있는 사람이 없을까요! 헬렌과 마찬가지로 제게도 교사가 필요해요. 만약 제게 끝까지 해낼 수 있는 능력과 인내심이 있다면 헬렌의 교육은 제 생애에 큰 사건이 될 것입니다.

저는 한 가지 일을 결심했어요. 헬렌이 책을 사용해서 배워야 한다는 거죠. 실제로 우리 둘 다 책에서 배울 필요가 있습니다. 그래서 생각이 떠올랐는데, 애너그너스 선생님께 페레스와 설리의 심리학을 보내달라고 부탁드려도 될까요? 아마 큰 도움이 될 겁니다.

우리는 매일 읽는 법을 공부하고 있습니다. 대개 집 근처에 있는 큰 나무 위에 올라가 작은 '독본' 하나를 집어 들고서 헬렌이 지금까지 외운 단어를 찾으며 한두 시간을 보냅니다. 우리는 이것으로 하나의 게임을 만들죠. 즉 헬렌은 손가락으로, 저는 눈으로, 어느 쪽이 먼저 단어를 찾는지 경쟁하는 거예요. 이런 식으로 헬렌은 지금까지 알게 된 단어를 이용해서 제가 설명할 수 있는 한 새로운 단어를 외우는 거죠. 외웠던 단어를 손가락으로 짚었을 때는 기뻐하며 소리를 지릅니다. 특히 저를 이겼을 때는 저에게 안겨 키스를 해요. 이 즐거운 방법으로 한 시간 동안 얼마나 많은 단어를 외웠는지 아신다면 깜짝 놀라실 겁니다.

다음으로 저는 짧은 문장을 만들어 그 안에 새로운 단어를 넣습니다. 이 방법으로 때로는 벌이나 고양이, 소년 등에 대해 짧은 이야기를 들려줄 수 있어요. 이제는 헬렌에게 2층으로 올라가라, 아래층으로 내려오라, 문의 열쇠를 잠그라, 열라, 물건을 가지고 가라, 와라, 앉고, 서고, 걷고, 뛰고, 눕고, 기고, 구르고, 올라가라는 말을 할 수가 있습니다. 헬렌은 동작이 따르는 단어를 좋아하기 때문에 동사를 가르치는 것은 전혀 걱정이 없어요. 또 늘 수업을 받고 싶어 하며, 지식을 흡수하려는 열성이 아주 대단하죠. 마치 적의 요새를 점령한 장군처럼 의기양양하게 문장을 정복합니다.

헬렌의 오래된 버릇 중 하나는 물건을 파손하는 것인데, 이 버릇이 너무나 강해서 좀처럼 고치기가 힘들었습니다. 자기 눈앞에 무언가를 발견하면 무엇이든 상관없이 바닥에 던져버리는 거예요. 컵이나 물병, 램프조차도 말이죠. 인형도 많이 갖고 있지만 울화통이나 변덕으로 파손되지 않은 것이 없을 정도예요.

어느 날 친구가 멤피스에서 새 인형을 가지고 왔습니다. 그래서 저는 그 인형을 파손하면 안 된다는 걸 헬렌에게 이해시킬 수 있는지 시험해보기로 했죠. 인형의 머리를 테이블에 내던지는 동작을 하게 한 뒤 헬렌에게 "안 돼, 안 돼, 헬렌은 나쁜 아이구나, 선생님은 슬프다"라고 쓰고 슬픈 표정의 제 얼굴을 만지게 하였습니다. 그런 다음 인형을 쓰다듬고 부딪친 머리에 키스를 하면서 부드럽게 품에 안게 한 뒤 "헬렌은 착한 아이, 선생님은 기쁘다"라고 쓰고 웃는 얼굴을 만지게 했죠. 헬렌은 이 모든 동작을 흉내 내면서 몇 번 따라 한 뒤 당황한 표정으로 잠시 가만히 서 있었었죠. 하지만 갑자기 표정이 밝아지면서 이번에는 "착한 아이 헬렌(Good Helen)"이라고 쓰며 얼굴 가득 미소를 지었어요. 그리고 인형을 2층으로 갖고 가서 옷장 맨 위 서랍에 넣고 그 후로 전혀 만지려고 하지 않았습니다.

부디 애너그너스 선생님께 안부 전해주십시오. 그리고 당신만 괜찮으시다면 제가 보내드린 편지를 보여드리세요. 볼티모어 학원에서도 눈이 안 보이고 귀도 안 들리는 어린이가 교육을 받고 있다고 들었습니다.

1887년 6월 2일

찌는 듯한 날씨가 계속되고 있어요. 진짜로 비가 기다려집니다. 우리 모두는 헬렌을 걱정하고 있죠. 아이는 신경이 굉장히 예민하고 쉽게 흥분하거든요. 밤이 되어도 잠이 오지 않고 식욕도 없죠. 아이에게 무엇을 해줄 수 있는지 짐작이 가지 않네요. 의사 선생님은 헬렌의 마음이 너무 활발하기 때문이라고 하셨지만, 헬렌이 생각하는 것을 어떻게 그만둘 수 있을까요? 아침에 일어나면 바로 글자를 쓰기 시작해서 그걸 하루 종일 계속하는 거예요. 제가 대화를 거부하면 자신의 손에 글자를 쓰면서 자기 자신과의 대화에 몰두하는 겁니다.

저는 헬렌에게 놀이 도구로 점자판을 주었습니다. 아이가 종이에 기계적으로 구멍을 뚫는 걸 재미있어하다 보면 마음을 진정시킬 수 있다고 생각했기 때문이죠. 하지만 이 귀여운 마녀가 편지 쓰는 걸 보았을 때는 정말 깜짝 놀랐어요. 편지가 무엇인지 헬렌이 알고 있을 거라곤 전혀 생각하지 못했거든요. 제가 편지를 부칠 때 자주 우체국까지 따라왔는데, 그때 당신에게 쓴 편지에 대해 몇 번 이야기한 적은 있었죠. 그리고 제가 몇 번 '눈먼 소녀들에게 보내는 편지'를 석판(石板)에 쓴 것도

64

알고 있었어요. 하지만 편지가 무엇인지에 대해 이렇게까지 정확히 알고 있을 거라곤 생각지도 못했습니다.

어느 날, 헬렌은 구멍을 많이 뚫은 종이 한 장을 들고 와서 그걸 봉투에 넣어 우체국에 가져가 달라고 하는 겁니다. 아이는 "프랭크-편지(Frank letter)"라고 말했죠. 프랭크에게 무엇을 썼느냐고 물어보니까 아이는 이렇게 대답했어요. "많은 단어(Much words), 강아지 어미 개-다섯 마리(Puppy mother dog-five), 아기-울다(Baby-cry), 덥다(Hot), 헬렌 걷다-없다(Helen walk-No) 햇볕-나쁘다(Sunfire-bad), 프랭크-오다(Frank-come), 헬렌-프랭크에게 키스하다(Helen-kiss Frank), 딸기-매우 맛있다(Strawberries-very good)"

헬렌은 거의 말하는 것과 똑같이 읽는 것에 열중하고 있어요. 아이가 아직 모르는 단어의 의미를 문맥에서 끌어내서 전체 문장의 취지를 파악해버리는 것이 보입니다. 아이가 열심히 질문하는 모습은 아이 마음의 성장과 그 뛰어난 능력을 나타내죠.

어느 날 밤, 잠자리에 들다가 헬렌이 품 안에 커다란 책을 꼭 안고 잠든 모습을 보았어요. 분명 아이는 그 책을 읽다가 잠이 든 거죠. 다음 날 아침, 그 일을 묻자 "책-울다(Book-cry)"라고 말하면서 몸을 흔들거나 움직이며 또 다른 무서워하는 몸짓을 했어요. 제가 '무섭다(afraid)'라는 단어를 가르쳐주자, 그녀는 "헬렌은 무섭지 않다. 책은 무섭다. 책은 여자아이와 함께 자고 싶다"라고 말하는 거예요. 저는 책은 무서워하지 않으니 케이스 안에서 재워야 하고, '여자아이'는 침대에서 책을 읽지 말아야 한다고 가르쳤죠. 헬렌은 개구쟁이처럼 보였지만, 제가 그 아이의 계략을 꿰뚫어 버린 것은 확실히 알아차린 모양입니다.

저는 애너그너스 선생님께서 저를 교사로서 높이 평가해주신 것에 감사드립니다. 하지만 '천재'라든지 '독창성'이라는 말은 가볍게 쓰지 않았으면 해요. 설사 그런 말들이 조금이라도 제게 적용된다 하더라도 그 때문에 칭찬받을 만하다고 생각지는 않습니다.

여기서 어떤 말씀을 드리고 싶은데, 당신만 들어주셨으면 합니다. 제 안의 무언가가 제 꿈이 반드시 이루어질 거라고 속삭이는 거예요. 도무지 있을 수 없는, 말 같잖은 이야기라고 생각하지만, 헬렌의 교육이 어쩌면 하우이 박사의 업적을 능가할 수도 있다고 저는 생각합니다. 헬렌은 상당히 뛰어난 재능을 갖고 있고, 저는 그 재능을 발전시키고 도야(陶冶)할 수 있다고 믿죠. 어떻게 알았는지는 말할 수가 없어요. 얼마 전까지만 해도 저는 어떻게 이 일을 해야 할지 그 어떤 아이디어도 없었 거든요. 마치 어둠 속에 있는 기분이었죠. 하지만 어찌 된 영문 인지 이제는 알 것 같아요. 제가 안다는 것을 안 것이죠. 그걸 설명할 수는 없어요. 하지만 어려움이 닥쳐도 망연자실하거나 회의적이 되지는 않을 겁니다. 어려움에 어떻게 맞서야 하는지 알고 있어요. 저는 헬렌 특유의 욕구를 예측하는 것 같아요. 정 말 놀라운 일이죠.

이미 모든 사람들이 헬렌에게 깊은 관심을 기울이고 있어 요. 헬렌을 만난 사람은 모두 감동합니다. 헬렌은 평범한 아이 가 아니고, 그 아이의 교육에 대한 사람들의 관심도 이만저만 이 아니죠. 그러므로 헬렌에 관해 이야기하거나 글을 쓸 때는 되도록 조심하시기 바랍니다. 저는 당신에게 자유롭게 쓰고 모든 일을 이야기하지만 이를 위해서는 한 가지 조건이 있어 요. 바로 제가 보낸 편지를 절대로 타인에게 보여주지 말아달 라는 겁니다. 가능하다면 저의 아름다운 헬렌을 소위 타고난 신동 따위로 만들고 싶지 않거든요.

1887년 6월 5일

더위 탓인지 헬렌은 축 늘어져서 조용히 지내고 있어요. 실제로 초열지옥과도 같은 날씨 때문에 우리 모두 흐물흐물해졌죠. 어제 헬렌은 입었던 옷을 벗고 오후 내내 맨몸으로 앉아 있었습니다. 책을 들고 앉아 있던 창문으로 햇볕이 들어오자, 아이는 짜증을 내며 일어나서 창문을 닫아버렸죠. 그래도 태양이 또다시 비치자 아이는 슬픈 표정으로 제게 다가와 힘을 주며 글씨를 썼어요.

'태양은 나쁜 아이다. 태양은 자러 가야 한다.(Sun is bad boy, Sun must go to bed)'

헬렌은 이젠 정말로 예쁘고 똑똑한 아이라서 매우 사랑스럽습니다. 어느 날, 물을 가져와 달라고 부탁했더니 아이가 말했죠.

"다리가 너무 힘들어요. 다리가 많이 울고 있어요."

아이는 오늘 아침 세상에 나올 통로를 쪼고 있는 작은 병아리들에게 굉장한 흥미를 기울이고 있어요. 전 아이의 손에 달걀을 쥐여주고 병아리가 '삐악삐악' 우는 것을 느낄 수 있게 해주었죠. 껍데기 안에 작은 생물이 있다는 걸 알게 되었을 때 아이가 놀라던 모습은 도저히 말로는 표현할 수 없을 정도였어요. 암탉은 매우 얌전해서 우리가 관찰하는 동안 방해하지 않았죠. 병아리 외에도 송아지 두 마리, 망아지 한 마리와 재미있고 귀여운 아기 돼지들이 가족이 되었어요. 비명을 지르는 돼지를 제가 안고 있고 헬렌이 어루만지면서 수없이 질문하는 것을 보시면 아마 재미있을 겁니다. 게다가 그 질문은 쉽게 답할 수 없는 질문들이죠. 병아리가 알에서 부화하는 것을 관찰한 후에 헬렌이 물었어요.

"아기 돼지는 알 속에서 자란 거야? 그 많은 껍질은 어디 있어?"

헬렌의 머리 둘레는 20.5인치이고 저는 21.5인치예요. 어떻습니까? 저는 고작 1인치 클 뿐입니다!

1887년 6월 12일

더운 날이 계속되네요. 헬렌은 여전합니다. 창백하게 여위었지만 진짜 병들었다고는 생각지 마십시오. 더위 때문에 컨디션이 흐트러졌을 뿐, 자연스럽고 아름다운 아이 마음의 활동 탓은 아닐 겁니다. 물론 아이에게 지나치게 머리를 많이 쓰게 하는 것은 좋지 않죠. 하나님이 눈감아 줄 때 세상에 대한 책임을 주장하는 사람들에 의해 저희는 무척 시달리고 있습니다. 그들은 헬렌이 "지나치게 머리를 쓴다"라거나 헬렌의 마음이 지나치게 활동적이라고 하면서 터무니없고 불가능한 요법을 권유하는 겁니다(그들은 2, 3개월 전만 해도 헬렌이 마음이라는 것을 전혀 갖지 않았다고 생각한 사람들이죠). 하지만 클로로포름으로 마비시키려고까지 생각하는 사람은 없겠지만, 클로로포름이야말로 아이의 자연스러운 능력 개발을 중지시키는 유일한 요법입니다. 그들은 갖가지 위급한 상황이 발생했을 때의 조언을 늘 준비하고 있는데, 이상한 것은 그 조언이 잘못되었다는 것이 밝혀져도 전능하신 하나님께서 보증한 것인 양 자신의 의견을 말하는 거예요.

헬렌에게 기분 전환이 되도록 '활자본'을 가르치고 있습니다. 헬렌은 뭔가 할 것이 있어서인지 조용히 있어요. 맥 빠지게 하는 날씨가 계속되는 동안에는 이렇게 조용히 있는 것이 바람직하다고 생각합니다. 헬렌은 숫자를 세는 것에 열광하고 있어요. 집 안에 있는 모든 물건들을 세었고 지금은 초등 독본의 단어를 세느라 바쁘죠. 이러다 머리카락을 셀 날이 올까 봐 걱정이 됩니다. 평범한 아이들도 놀이를 할 때는 진지해지는 법이지만, 만약 헬렌이 보거나 들을 수 있었다면 자신의 두뇌를 지나치게 쓰지 않고 여분의 에너지를 절약할 수 있었을 텐데 하는 생각이 듭니다. 상상력이 부족한 엔지니어는 생각지도 못할 '말굽 형상의 곡선'을 그리면서 어린이 방 주위에 '뉴욕 급행열차'를 달리게 하는 아이는 온 신경을 장난감 기관차에 집중하고 있는 겁니다.

헬렌이 괴로운 표정으로 다가와 말합니다. '소녀-매우(very) 큰(많은) 낱말은 세지 않는다(Girl-not count very large(many) words)' 저는 '아니야, 가서 낸시하고 놀렴' 하고 말했지만, 이 제안이 불만스러운지 '안 돼, 낸시는 매우 아파(No, Nancy is very sick)'라고 대답하더군요. 무슨 일이 있었는지 물어보니 헬렌은 이렇게 말했어요.

'많은 이빨이 낸시를 아프게 했어(much (many) teeth do

make Nancy sick).' 밀드레드는 이가 나기 시작했던 겁니다.

예전에 헬렌에게 담장 위의 덩굴은 '기어 다니는 것'이라고 가르쳐준 적이 있었어요. 아이는 매우 기뻐하면서 즉각 자신의 운동과 식물의 운동의 유사점을 찾기 시작했죠. 식물은 달리고, 기어 다니고, 깡충 뛰고, 뛰놀고, 구부러지고, 내리고, 오르고, 몸을 흔들곤 합니다. 하지만 아이는 익살맞게 자신을 '걷는 식물(walk-plant)'이라고 말하죠.

어젯밤, 제가 털실을 감는 동안 헬렌은 저를 위해 그걸 들고 있었어요. 그러고는 '빨리 감다, 천천히 감다(wind fast, wind slow)'라고 쓰면서 몸을 빙글빙글 돌리기 시작했죠. 분명히 이 기발한 착상을 매우 즐기는 모양이었어요.

1887년 6월 15일

어젯밤, 천둥과 함께 세찬 비바람이 몰아쳐서 오늘은 상당히 시원합니다. 우리 모두 샤워를 하고 나온 듯 되살아난 느낌이에요. 헬렌은 귀뚜라미처럼 생기발랄합니다. 천둥을 느꼈을 때는 사람들이 하늘에서 총을 쏘았는지, 그리고 나무나 꽃들은 비를 모두 마셔버렸는지를 아이는 궁금해합니다.

1887년 6월 19일*

저의 어린 학생은 처음과 변함 없는 열성을 보이고 있어요. 깨어 있는 순간순간 타고난 지식욕을 충족하려고 애쓰는데, 아이의 정신 활동이 너무 쉬질 못해서 몸을 해칠까 봐 걱정입니다. 2, 3주 전까지 없었던 아이의 식욕도 돌아온 탓인지 지금은 더 자연스럽고 조용히 잠들 수 있는 것 같아요. 아이는 이달 27일에 만 일곱 살이 됩니다. 키는 4피트 1인치, 두개골의 튀어나온 부분과 전두엽을 따라 머리 둘레를 재면 20.5인치죠. 머리는 이 선 위로 1.25인치만 튀어나왔어요.

산책하는 동안 헬렌은 끊임없이 단어를 쓰고, 떠들고, 팔짝팔짝 뛰고, 점프하고, 달리고, 빨리 걷거나 천천히 걷곤 합니다. 뜨개질을 하다가 한 코를 빠트리면 '헬렌은 나쁜 아이, 선생님은 울 거예요.(Helen wrong, teacher will cry)'라고 말합니다. 목이 마르면 '헬렌에게 마실 물을 주세요.(Give Helen drink water)'라고 말합니다. 헬렌은 수많은 고유명사 외에 대략 400개의 단어를 알고 있어요.

*이 발췌문은 1887년의 퍼킨스 시각장애아 학교의 보고서에 실렸다.

어느 수업에서 다음과 같은 단어를 가르쳤습니다, bedstead(침대), mattress(매트리스), sheet(시트), blanket(담요), comforter(이불), spread(침대걸이), pillow(베개). 다음 날 헬렌은 침대걸이 외에는 모두 외웠더군요. 같은 날 다른 시간에 house(집), weed(잡초), dust(먼지), swing(흔들다), molasses(당밀), fast(빠르다), slow(느리다), maple-sugar(단풍 설탕), counter(세다) 등의 단어를 가르쳤는데, 이 단어들도 모두 잊어버리지 않았죠. 아이의 기억력이 얼마나 좋은지 아시겠죠. 30까지는 빠르게 셀 수 있고, 일곱 개의 활자체와 그 활자체로 만들 수 있는 단어를 적을 수가 있어요.

편지를 쓰는 것에 대해서도 이해하고 있는지, 자주 '프랭크에게 편지를 쓴다'라고 말합니다. 헬렌은 펀치로 종이에 구멍을 뚫는 것을 좋아하는데, 전 그것이 자신이 일한 결과를 살펴볼 수 있기 때문이라 생각했죠. 그런데 어느 날 자세히 관찰해 보니 놀랍게도 헬렌은 편지를 쓰려던 것이었어요. '에바(헬렌이 아주 좋아하는 사촌)'라고 한 손으로 쓰면 그것으로 다 썼다고 생각하고, 다음 '아파서 누워 있다'고 쓰면 또 다 썼다고 생각합니다. 이렇게 한 시간 가까이를 보내고 있었어요. 아이는 자기가 관심 가진 것들을 종이에 쓰고 있었죠. 편지를 다 쓰자 어머

니께 가서 '프랭크 편지'라고 쓴 뒤 오빠에게 우체국에 갖고 가
도록 전해달라고 건네주었어요. 지금까지는 우체국에 저와 갔
는데 말이죠.

헬렌은 과거에 한 번이라도 만난 사람은 바로 알아보고 그
이름을 씁니다. 로라 브릿지먼과는 달리 헬렌은 남자를 좋아해
서 여자보다 남자와 더 빨리 친해집니다.

헬렌은 뭐든지 늘 주변 사람들에게 나누어주고 자신에게는
아주 조금만 남겨둡니다. 옷이나 여러 종류의 장신구를 굉장히
좋아해서, 입던 옷에서 구멍을 발견하면 슬퍼하죠. 졸려서 서
있을 수 없을 때에는 컬 페이퍼[1]로 머리를 말아달라고 졸라요.
얼마 전 아침에 장화에서 구멍을 발견하자 아침 식사 후에 아
버지께 가서 말했습니다.

"헬렌, 새로운 장화, 심슨(그녀의 오빠), 마차, 가게, 남자(Helen
new boots Simpson buggy store man)"

아이가 하는 말의 의미를 쉽게 아시겠죠?

---

1 지진 머리를 곱슬곱슬하게 말아두는 종이.

1887년 7월 3일

오늘 아침, 아래층에서 큰 소동이 있었습니다. 헬렌의 날카로운 목소리를 듣고 무슨 일인가 달려 내려가 보니, 아이가 엄청나게 화를 내고 있는 거예요. 이런 일은 두 번 다시 일어나지 않았으면 합니다. 지난 2개월 동안 아이는 상당히 부드럽고 온순해서 저는 사랑이 사자를 정복했다고 생각했죠. 그러나 분노가 단지 잠자고 있었을 뿐이었나 봅니다. 아이는 야수처럼 비니를 쥐어뜯고 할퀴고 깨물고 있었어요. 비니는 헬렌이 돌을 많이 담은 유리그릇을 깨면 큰일이라 생각해서 아이가 저항하든 말든 억지로 빼앗으려 했죠. 저는 비니가 헬렌을 때렸거나 아니면 평소보다 심하게 화를 낼 만한 무언가를 했다고 생각했습니다. 제가 아이의 손을 잡자 아이는 심하게 몸을 떨며 울기 시작했거든요. 무슨 일인지 이유를 물어보니 '비니-나빠(Viney-bad)'라고 쓰고, 또다시 분노가 치밀어 올랐는지 비니를 때리고 발로 차기 시작했어요. 저는 아이가 진정될 때까지 두 손을 꼭 잡고 있었죠.

　나중에 헬렌은 슬픈 표정으로 제 방으로 들어와 저에게 키스하려 했어요. '말을 안 듣는 아이에게는 키스할 수 없어'라고 제가 말하자, 아이는 '헬렌은 좋아, 비니가 나빠(Helen is good, Viney is bad)'라고 썼죠. '넌 비니를 때리고 발로 차서 그녀를 다치게 했어. 넌 아주 나쁜 아이야. 나는 나쁜 아이에게는 키스하지 않아'라고 말했더니, 아이는 아무 말 없이 잠시 서 있다가 붉으락푸르락한 표정을 짓는 것이 마음속에 갈등이 일어났나 봅니다. 이윽고 아이가 말했어요.

"헬렌은 선생님을 사랑하지 않아. 헬렌은 엄마가 좋아. 엄마가 비니를 매로 때릴 거예요(Helen did (does) not love teacher. Helen do love mother. Mother will whip Viney)." 저는 이 일에 대해선 더 이상 말하지 않겠지만 곰곰이 생각해보라고 했습니다. 아이는 제가 무척 곤란해하는 것을 알자 제 곁에 있고 싶다고 했지만, 저는 아이를 혼자 두는 것이 가장 좋다고 생각했죠.

저녁 식사 때 제가 아무것도 먹지 않자 헬렌은 매우 동요하면서 말했습니다.

"요리사는 선생님을 위해 차를 끓여요(Cook make tea for teacher)."

그러나 저는 너무 슬퍼서 식사할 기분이 아니라고 말했죠. 그러자 아이는 울면서 제게 매달렸습니다.

제가 2층에 올라갔을 때 아이는 매우 흥분한 상태였죠. 그래서 대벌레라는 기이한 곤충을 아이에게 보여서 관심을 끌려고 생각했습니다. 대벌레는 제가 지금까지 본 것 중에선 상당히 특이한 벌레로, 줄무늬 다발이 가운데에서 하나로 묶여 있죠. 움직이는 모습을 보기 전까지는 벌레가 살아 있다고 생각지도 못했고, 움직이는 모습을 봐도 생물이라기보다는 기계적인 장난감으로밖에 보이지 않았습니다. 그런데 불쌍한 헬렌은 벌레에 주의를 기울이지 못했죠. 가슴이 고민으로 꽉 차 있어서 그것에 대해 이야기하고 싶어 합니다.

"벌레는 나쁜 소녀를 알아? 벌레는 매우 행복해?(Can bug know about naughty girls? Is bug very happy?)"

이렇게 말하면서 아이는 제 목에 팔을 감고 말했어요.

"나는 내일은 착한 아이야(아이가 될 거야)(I am(will be) good tomorrow), 헬렌은 계속 착한 아이야(아이가 될 거야)(Helen is (will be) good all days)."

제가 '할퀴거나 발로 차서 미안했다고 비니한테 말하러 가자'라고 말하자, 아이는 미소 지으며 대답했죠.

"비니는 말을 쓰지 못해(쓸 수 없어)(Viney (can)not spell words)."

"내가 비니에게 말해줄게. 함께 비니를 만나러 가자."

마침내 아이는 기꺼이 함께 가서 비니의 키스를 받았죠. 아이가 키스를 되돌려주진 않았지만요. 이후로 헬렌은 그 어느 때보다 애정이 깊어져서 아이의 얼굴에선 예전엔 볼 수 없었던 상냥함, 영혼의 아름다움이 보이는 듯했어요.

1887년 7월 31일

헬렌이 연필로 즐겁게 쓴 편지를 동봉합니다. 보시면 아시겠지만 아이는 연필 쓰기가 많이 늘었어요. 저는 지금 점자 알파벳을 가르치는 중인데, 헬렌은 자신이 느낀 것을 스스로 말로 표현할 수 있어서 기뻐합니다.

헬렌은 이제 의문을 제기하는 시기에 접어들고 있어요. 하루 종일 '무엇이?', '왜?', '언제?'를 달고 살고, 특히 '왜?'를 연발하는데, 지능이 발달함에 따라 질문도 더 집요해지고 있죠. 제 친구 아이들이 꼬치꼬치 캐묻는 일에 넌더리를 냈던 것이 생각났지만, 이런 질문들은 아이들이 사물의 원인에 대해 흥미를 가지기 시작했음을 보여줍니다.

'왜?'라는 물음은 <u>아이들이 이성과 성찰의 세계에 들어가는 문</u>입니다.

'어떻게 목수는 집을 짓는 방법을 배웠을까?', '누가 달걀 안에 병아리를 넣었을까?', '왜 비니는 까만 걸까?', '모기는 문다, 왜?', '모기는 물지 않는 것을 알까?', '아빠는 왜 양을 죽였을까?' 물론 헬렌은 더 사소한 질문을 많이 하죠. 헬렌의 마음은 보통 아이들만큼 논리적이지 않아요. 대체로 헬렌의 의문은 똑똑한 3살짜리 아이와 비슷하지만, 지식욕은 너무나도 왕성해서 결코 지루해지는 일이 없습니다. 다만 이런 질문들도 주로 제 빈약한 지식 창고에서 지혜를 쥐어짜 꺼낸 것이긴 하지만요.

지난주 일요일에 로라 브릿지먼에게서 편지를 받았어요. 부디 그녀에게 제 사랑을 전해주세요. 헬렌이 그녀에게 키스를 보낸다는 것도. 저녁 식사를 하며 편지를 읽고 있을 때 켈러 부인이 큰 소리로 "어머, 미스 애니, 헬렌도 이젠 이 정도로 예쁘게 쓸 수 있겠죠!"라고 말씀하셨어요. 그것은 정말이에요.

1887년 8월 21일

우리는 헌츠빌에서 멋진 시간을 보냈습니다. 그곳 사람들은 모두 헬렌에게 호의를 보이면서 선물과 키스 세례를 퍼부었죠. 헬렌은 첫날 밤에 호텔에 있던 20여 명이나 되는 사람들 모두의 이름을 배웠어요. 놀랍게도 아이는 다음 날 아침에도 모두 기억하고 있어서 전날 밤에 만난 사람을 전부 알아볼 수 있었죠. 아이가 소년들에게 알파벳을 가르쳐주었기 때문에 그중 몇 명은 아이와 이야기하는 법을 배웠어요. 한 소녀는 헬렌에게 폴카 춤을 추는 법을 가르쳐주고, 어떤 남자아이는 토끼를 보여주며 그 이름을 써주었죠. 헬렌은 기쁜 나머지 남자아이를 껴안고 키스를 해서 그를 굉장히 당황케 했어요.

우리는 헬렌에게 곱슬머리에 빨간 눈의 푸들을 안게 하고 사진을 찍었습니다. 이 강아지는 갖고 싶은 것을 가지려는 강아지 특유의 본능적 재롱과 잔꾀로 헬렌의 총애를 얻어냈죠.

집으로 돌아와서도 헬렌은 끊임없이 헌츠빌에서 있었던 일을 이야기합니다. 이때 언어를 사용하는 아이의 능력에 결정적인 향상이 이루어진 것을 깨달았죠. 기묘하게도 헌츠빌에서 그리 멀지 않은 아름다운 산 몬테사노 정상까지 드라이브한 것이 아이에게 그 무엇보다도 깊은 인상을 준 듯합니다. 그 멋진 푸들은 예외로 하고 말이죠. 아이는 제가 해준 이야기를 죄다 기억하고 있어서 제가 산을 묘사한 일자일구를 그대로 어머니께 반복해서 이야기하고 있었습니다. 마지막으로 어머니께 '엄청나게 높은 산과 아름다운 구름 모자'를 보고 싶은지 물어보았어요. 하지만 저는 그런 표현은 쓰지 않았죠. 저는 '구름이 산에 살짝 닿아 있는데 마치 아름다운 꽃 같아'라고 말했어요. 아시다시피 저는 아이가 촉각을 통해 익숙해져 있는 단어나 이미지를 사용해야 했죠. 하지만 언어만으로는 산을 한 번도 본 적이 없는 사람에게 산의 크기를 아주 조금이라도 전달하기가 거의 불가능하다고 생각해요. 게다가 아이가 받은 인상의 내용이나 산 이야기가 마음에 든 이유에 대해서는 그 누구도 알 수 없을 거예요. 우리가 확실히 알 수 있는 것은 아이가 훌륭한 기억력과 상상력, 그리고 연상하는 능력을 갖고 있다는 겁니다.

1887년 8월 28일

모든 것이 태어나는 걸 멈췄으면 합니다. '갓 태어난 강아지', '갓 태어난 송아지', '갓 태어난 아기'에 대해 헬렌은 왜, 그리고 어디서 이들이 왔는지 열렬한 관심을 보이고 있어요. 얼마 전 '푸른 담쟁이 집'에 아기가 온 것을 계기로 아기나 일반 생물의 기원에 대한 의문이 또다시 폭발했죠. '레일라는 어디서 갓난아기를 가져왔죠? 의사는 어디서 아기를 찾는지 어떻게 알고 있어요? 레일라는 의사에게 아주 작은 갓난아기를 갖고 싶다고 말했어요? 의사는 어디서 가이와 프린스(둘 다 강아지를 말함)를 찾았죠?', '왜 엘리자베스는 에블린의 동생이죠?' 등등. 이 질문들은 때때로 모두를 당황하게 만들었어요. 그래서 제 마음은 뭔가를 해야 한다고 생각했죠. 헬렌에겐 그런 질문이 자연스러운 것이고 질문에 대답하는 것은 저의 의무니까요.

아이들의 관찰력이나 식별력이 높아져서 사물에 대해 알고 싶은 욕구가 끓어오를 때 아이들에게 거짓말이나 허튼소리를 하는 것은 큰 잘못이라 생각합니다. 처음부터 저는 헬렌의 질문에 가능한 한 아이가 이해하기 쉽도록 대답하고 동시에 진실만을 이야기하는 것을 실천해왔죠. 저는 자문했어요. '왜 이 질문들만 특별하게 대해야 하는가?' 우리의 물리적 존재 근저에 있는 위대한 사실에 대해 제가 한심스러울 정도로 무지하다는 것 말고는 그럴 이유가 아무것도 없다고 결심했습니다. 분명 이 무지함 때문에 저는 경험이 풍부한 천사가 들어서기 두려워한 곳으로 돌진할 수 있었다고 생각해요. 여기에는 이러한 문제나 다른 교육상의 곤란한 문제에 대해 충고해줄 만한 사람이 없습니다. 이 난처한 상황에서 제가 해야 할 일은 우선 전진하는 것이며 실패를 통해 배우는 것이죠. 하지만 이번 문제에 대해 제가 실패했다고 생각하지 않습니다.

저는 헬렌을 데리고 식물학 책 「어떻게 식물은 성장하는가?」를 든 채 예전에 자주 책을 읽으며 공부하던 그 나무 위로 함께 올라가서, 식물의 일생에 대해 가능한 한 부드러운 말로 이야기해주었습니다. 아이가 봄에 옥수수와 콩, 수박의 씨를 뿌렸던 일을 떠올리게 한 뒤, 마당에서 자라고 있는 키다리 옥수수와 콩, 수박 덩굴이 모두 그 씨앗에서 자라난 것이라고 가르쳐주었어요. 땅이 씨앗에게 온도와 습도를 준다, 그래서 떡잎이 자라나 충분히 강해지면 땅 위로 얼굴을 내민다, 그렇게 빛과 공기에 닿으면 그곳에서 숨을 쉬며 성장한다, 마지막으로 꽃을 피우고 다시 씨앗을 만든다, 이 씨앗에서 또다시 새로운 식물의 아기가 자라난다는 것을 들려주었죠. 식물의 일생과 동물의 일생의 유사성을 인용해서 씨앗은 닭이나 들새의 알에 해당한다는 것, 그리고 어미인 암탉은 병아리가 태어날 때까지 알을 따뜻하게 품고 있다는 걸 이야기해주었어요. 아이에게 모든 생명이 알에서 태어난다는 것을 이해시켰죠. 어미 새는 보금자리에서 알을 품어서 새끼가 부화할 때까지 따뜻하게 한다는 것, 다 자란 물고기는 치어가 부화할 수 있도록 습기 있고 안전한 곳에 알을 낳는다는 것, 즉 알이야말로 생명의 요람임을 가르쳐주었습니다.

다음으로 개나 소, 사람, 그 외의 동물은 알을 낳진 않지만 자신의 몸 안에서 아기를 키운다고 이야기했습니다. 만약 식물이나 동물이 후손을 남기지 않으면 계속 살아남을 수가 없어서 세상 모든 것이 멸망할 거라고 이해시키기는 어렵지 않았어요. 하지만 성의 기능에 대해서는 최대한 가볍게만 이야기하고 지나갔죠. 그럼에도 불구하고 생명을 유지하는 데 사랑이 중요한 역할을 한다는 점은 아이에게 알리고 싶었어요. 어려운 주제라서 제 지식으로는 불충분했지만 책임을 회피하지 않았다는 것에 만족합니다. 왜냐하면 제 설명이 자주 망설이고 매끄럽지 못해서 불완전하긴 했어도 제 어린 학생의 영혼에 내재한 깊이 응답하는 코드를 건드렸다고 생각하기 때문이죠. 그래서 아이는 생명의 위대한 사실을 이해할 마음의 준비가 되어 있다는 것을 알았고, 아이는 태어나면서부터 이미 인류의 모든 경험을 내부에 잠재적으로 이어받고 있다는 설을 저는 더더욱 확신하게 되었어요. 이러한 경험은 사진의 원판처럼 언어가 담긴 이미지를 현상해서 드러나게 하는 겁니다.

1887년 9월 4일

헬렌은 오늘 아침, 삼촌인 켈러 박사에게서 편지를 받았습니다. 온천이 있는 집으로 놀러 오라고 초대하는 내용이었어요. 온천이라는 말에 아이는 흥미를 보이면서 그 이름에 대해 여러 가지를 물었죠. 아이는 냉천에 대해서는 알고 있습니다. 투스컴비아 근교에 몇 개 있거든요. 그중 하나는 상당히 커서 마을 이름이 거기서 유래했죠. '투스컴비아'는 인디언 말로 '커다란 샘'이라는 뜻입니다. 헬렌은 뜨거운 물이 땅에서 솟아난다는 말을 듣자 놀라워했습니다. 아이는 땅속에서 누가 불을 때고 있는지 궁금해서 그 불이 난롯불과 같은 것인지, 나무나 풀뿌리를 태우는 것인지 물었습니다.

아이는 이 편지를 받고 아주 기뻐했죠. 그래서 생각나는 것을 모두 질문한 후에 홀에서 뜨개질을 하는 어머니께 가서 편지를 읽어드렸어요. 편지를 눈앞에 들고서 마치 제가 했던 것처럼 손가락으로 문장을 쓰는 아이의 모습을 보는 것은 즐거운 일이었죠. 나중에 아이는 벨(강아지)과 밀드레드에게도 읽어주었습니다. 켈러 부인과 저는 어린이 방에서 벌어지는 코미디를 문 앞에서 보고 있었죠. 벨은 졸려 보였고 밀드레드도 무관

심해했어요. 헬렌은 매우 진지한 모습이었고, 그래서 밀드레드가 편지를 빼앗으려 했을 때 한두 번 정도 짜증스럽게 뿌리쳤죠. 결국 벨이 일어나서 몸을 부르르 떨고 떠나려 하자, 헬렌은 목을 잡고 다시 억지로 앉혀버렸어요. 그 틈을 타서 밀드레드가 편지를 쥐고 기어갔죠. 마루에서 그것을 느낀 헬렌은 편지가 없어진 사실을 알자 바로 밀드레드를 의심했어요. 밀드레드가 '아기 목소리'인 작은 소리를 냈기 때문이죠. 헬렌은 일어나서 아주 조용히 서 있었어요. 마치 밀드레드가 '바스락바스락' 걸어가는 소리를 자신의 발로 듣는 것처럼 말이죠. 결국 소리나는 곳을 알아내서 재빨리 달려가 보니, 이 귀여운 범인이 소중한 편지를 입안에 넣고 우물우물 씹고 있는 겁니다. 헬렌도 더 이상 참지 못했죠. 편지를 빼앗고는 아기의 작은 손을 찰싹 때렸어요. 그러자 켈러 부인이 얼른 아기를 끌어안았어요.

헬렌의 분노를 겨우 가라앉힌 뒤 저는 헬렌에게 물었어요.

'아기가 무엇을 했니?'

헬렌은 곤란한 표정으로 대답하기를 한참 망설였지만 이윽고 대답했죠.

'나쁜 아이가 편지를 먹어버렸어. 헬렌은 아주 나쁜 아이를 때렸어.'

저는 밀드레드는 너무 어려서 편지를 입에 넣는 일이 나쁜 짓이라는 걸 아직 모른다고 가르쳤어요. 헬렌은 이렇게 답했죠.

'나는 아기에게 안 돼, 안 돼, 안 된다고 많이(여러 번) 말했어.'

'밀드레드는 너의 손가락 글씨를 모르는 거야, 그러니까 우리는 아기를 친절하게 대해야 해.'

그녀는 머리를 끄덕였어요.

'아기-생각하지 않는다. 헬렌이 아기에게 예쁜 편지를 줄 거야.'

이렇게 말하면서 헬렌은 2층으로 뛰어 올라가 점자로 뭔가를 쓴 종이를 예쁘게 접어서 가져왔죠. 그러고는 '아기는 모든 낱말을 먹을 수 있다'라고 하면서 밀드레드에게 주었어요.

1887년 9월 18일

제가 보고서를 쓰려고 한다는 소식을 듣고 많이 놀라셨을 겁니다. 저도 어떻게 일이 이렇게 되었는지 모르겠지만, 퀠러 대위께서 열성적으로 권유해서 "아니요"라고 하지 못했어요. 대위와 애너그너스 선생님은 제 경험을 다른 사람들에게 전해서 도움을 주는 것이 제 의무라고 하십니다. 두 분은 헬렌의 놀라운 해방 기록이 장애가 있는 다른 아이들에게 상당한 이익이 될 거라고 하셨죠.

하지만 막상 앉아서 쓰려고 하면 제 생각은 경직되고 맙니다. 종이에 어떻게든 써보면, 그 생각은 일렬로 나란히 선 나무 병정처럼 어색하죠. 설사 이 병정 중 하나가 우연히 생명을 얻어 움직인다 하더라도 저는 그에게 구속복[2]을 입힐 수밖에 없을 거예요. 그럼에도 불구하고 헬렌이 훌륭하다는 것만은 분명합니다. 왜냐하면 사실이니까요.

지난주 헬렌이 한 말은 모두 기록해놓았습니다. 저는 아이

---

2 광포한 죄수에게 입히는 옷. 엄중한 단속을 의미한다.

가 600개나 되는 단어를 안다는 사실을 알았어요. 그렇다고 해서 아이가 항상 그 단어들을 올바르게 사용한다는 것은 아닙니다. 때때로 아이의 문장은 수수께끼처럼 이해하기 어려울 때가 있어요. 하지만 그것은 어린아이가 아직 명확한 형태로 갖춰지지 않은 생각을 애매한 말로 표현하려 할 때 만드는 퍼즐 같은 것이죠. 헬렌은 말하려는 욕망이 아주 강해서, 자신이 사용할 줄 아는 단어를 가지고 하고 싶은 말의 의미를 전하는 능력이 매우 풍부합니다.

최근에 헬렌은 색깔에 많은 흥미를 보이고 있습니다. 초보 독본에서 '갈색(brown)'이라는 단어를 발견하고 그 뜻을 궁금해했어요. 헬렌의 머리카락이 갈색이라고 이야기해주자, '갈색은 매우 예뻐?'라고 물었어요. 나중에 함께 온 집 안을 돌아다니면서 헬렌이 만지는 온갖 사물의 색깔을 가르쳐주었죠. 헬렌은 닭장이나 축사로 가고 싶어 했지만, 저는 꽤 피곤했기 때문에 다음에 가자고 했습니다. 우리는 해먹에 앉았지만 휴식을 취하고 있을 때가 아니었어요. 헬렌은 '더 많은 색'을 알고 싶어 했죠. 저는 헬렌이 색깔에 대해 뭔가 막연한 느낌이 있는 것이 아닌가 싶습니다. 빛이나 소리에 대해 어떤 인상은 기억하듯이 말이죠. 생후 19개월까지 보고 들을 수 있었던 아이라면 아주 희미하겠지만 첫인상 몇 가지는 분명히 기억할 것이라 생각합니다.

헬렌은 촉각을 통해서는 알 수 없는 것에 대해서도 많이 이야기합니다. 하늘, 낮과 밤, 산과 바다에 대해 여러 가지 질문을 하죠. 아이는 제가 그림 속에서 본 것에 대해 이야기를 듣고 싶어 합니다.

그런데 이야기가 두서가 없는 듯한 느낌이 드네요. 이리저리 흔들리는 해먹 안에서 헬렌이 차분하게 질문한 것 중 하나는 '생각하는 것은 어떤 색이야?'라는 말이었죠. 전 행복할 때 하는 생각은 빛나는 색이고 그렇지 않을 때에는 슬픈 색을 하고 있다고 이야기해주었어요. 그러자 헬렌은 전광석화처럼 '내 생각은 흰색, 비니의 생각은 검은색'이라고 말했죠. 아시겠어요? 아이는 우리 생각의 색깔이 피부색과 어울린다고 생각하고 있는 겁니다. 때마침 그때, 비니가 목청껏 노래하고 있어서 저는 웃음을 참을 수가 없었어요.

"나는 푸른 구슬 벽에 앉아

죄인들이 발부리가 걸려 넘어지는 모습을 바라보고 싶다."

1887년 10월 3일

보고서를 다 작성해서 보냈습니다. 사본을 2부 떴으니 1부를 보내드리죠. 하지만 다른 사람에게는 보여주지 마세요. 출판될 때까지는 애너그너스 선생님의 소유물입니다.

어린 소녀들(퍼킨스 시각장애인 학교의 학생들)은 헬렌의 편지에 기뻐했을 것입니다. 그곳 아이들이 스스로 말하듯이, 헬렌도 스스로 편지를 쓴 겁니다.

헬렌은 보스턴에 가게 되면 하고 싶은 것에 대해 여러 가지 이야기합니다. 얼마 전에는 '모든 사물과 보스턴은 누가 만들었어?'라고 묻더군요. 그리고 '아기는 매일 울기' 때문에 밀드레드는 보스턴에는 가지 않을 거라고 말합니다.

1887년 10월 25일

어제 헬렌은 그 소녀들에게 또 한 통의 편지를 썼고, 그것을 헬렌의 아버지가 애너그너스 선생님께 보냈습니다. 애너그너스 선생님께 보여달라고 하세요. 헬렌은 스스로 대명사를 사용하기 시작했죠. 오늘 아침 우연히 제가 '헬렌은 2층으로 갈 것입니다(Helen will go upstairs)'라고 말하자, 아이는 웃으면서 '선생님은 틀렸어요. 당신은 2층으로 갈 것입니다(You will go upstairs)'라고 말했어요. 이것은 대단한 발전입니다. 이런 일들이 자주 있어요. 어제의 복잡함이 신기하게도 오늘은 단순해지고, 오늘의 어려움도 내일의 즐거움이 됩니다.

헬렌의 마음이 빠르게 성장하는 것은 보기만 해도 아름답습니다. 이제껏 그 어떤 교사도 이렇게까지 열중한 적은 없었다고 생각해요. 저는 행운의 별 아래 태어난 것이 분명합니다. 전 지금 바로 그 자비의 힘을 느끼기 시작하고 있습니다.

지난주 애너그너스 선생님이 보내주신 편지 두 통을 받았어요. 말로 표현할 수 없을 정도로 제 보고서를 고마워하셨죠. 애너그너스 선생님은 다음 연보의 페이지를 장식하기 위해 '사랑스러운 헬렌과 그 우수한 선생님'의 사진이 필요하다고 말씀하시네요.

1887년 10월*

지금쯤 아마 헬렌이 소녀들에게 보낸 두 번째 편지를 읽으셨으리라 생각합니다. 이 두 통의 편지를 쓰는 동안 아이가 얼마나 발전해가는지 믿기지 않으실 거예요. 아이와 매일 접하는 사람만이 아이가 빠르게 언어를 습득해나가는 진전을 알 수 있죠. 당신은 그 편지에서 아이가 많은 대명사를 올바르게 사용하고 있음을 알 수 있을 거예요. 대화하면서도 대명사를 잘못 쓰거나 빠뜨리는 일은 거의 없답니다. 편지를 쓰거나 자신의 생각을 종이에 적어두고 싶어 하는 아이의 열정은 점점 더 강해지고 있어요.

이제 헬렌은 상상력이 중요한 역할을 차지하는 이야기를 들려줍니다. 또한 자신이 다른 아이와는 다르다는 것도 눈치채기 시작했죠. 얼마 전, 아이가 물었어요.

'내 눈은 무엇을 하는 거야?'

나는 눈으로는 사물을 볼 수 있고 헬렌은 손가락으로 볼 수 있다는 것을 이야기해주었습니다. 잠깐 생각하다가 아이는 '내 눈은 나빠!'라고 하고서, 다시 '내 눈은 병들었어'라고 고쳐 말했어요.

*애너그너스 선생님께 보낸 편지에서 발췌한 것으로 1887년의 퍼킨스 시각장애인 학교의 연보에 발표되었다.

존 메이시의 메모 – 존 메이시는 "내가 살아온 이야기(The Story of My Life)"의 편집자이다. 아래 글은 1887년 퍼킨스 시각장애아 학교의 공보에 발표된 설리번 여사의 첫 번째 보고서는 편지에 상세히 기록된 내용을 요약한 것이다. 여기서는 4월 5일, 헬렌이 '물(water)'이라는 단어를 배운 위대한 날에서 시작하는 보고서 마지막 부분을 다시 실었다.

이 보고서에서 설리번 여사는 '수업'이라는 단어를 지금까지 정기적으로 해온 것처럼 말하고 있다. 이것은 모든 것을 요약해서 말하기 위해 사용한 것이다. 매일의 부단한 공부를 '수업'이라 말하는 것은 딱딱한 표현이다.

설리번 여사의 보고서에서 발췌함

어느 날 헬렌을 저수조로 데려갔다. 펌프에서 물이 쏟아지고 있었기 때문에 난 '물 water'이라고 적었다. 아이는 즉각 한 번 더 적어달라고 내 손을 치고서는 빛나는 얼굴로 스스로 그 단어를 적었다. 때마침 그때 유모가 헬렌의 여동생을 데리고 이 저수조로 들어왔기 때문에 난 헬렌의 손을 아기에게 얹고 '아기 baby'라는 글씨를 썼다. 그러자 얼굴에 지성의 새로운 빛을 띤 채로 아이는 스스로의 힘으로 그 문자를 반복해서 적었다.

집으로 돌아가는 길, 난 아이가 만지는 모든 것들의 이름을 가르쳐줘야만 했지만 거의 대부분 반복할 필요는 없었다. 이 아이에겐 단어의 길이나 문자의 조합은 거의 문제가 되지 않는 모양이다. 실제로 아이는 'heliotrope(헬리오트로프)'나 'chrysanthemum(국화)' 등을 짧은 단어보다 쉽게 외운다. 8월이 끝날 무렵에 아이는 625개의 단어를 알고 있었다.

다음엔 장소의 관계를 가리키는 수업을 진행했다. 옷을 가방 '안에 in' 넣고, 옷을 '입고 on'라는 전치사들을 적어주었다. 아이는 금방 on과 in의 차이를 깨쳤다. 그러나 이 전치사를 사용해서 스스로 문장을 만들 수 있기까지는 조금 더 시간이 걸렸다. 아이는 수업을 받을 때 가능하다면 언제든지 배우가 되어서 의자 '위 on'에 서거나 옷장 '안 into'으로 들어가곤 했다. 이 수업을 통해 아이는 가족의 이름과 is라는 단어를 배웠다. '헬렌은 옷장 안에 있다', '밀드레드는 유아 침대에 있다', '상자는 테이블 위에 있다', '아빠는 침대에 있다'라는 말은 4월 하순쯤에 아이가 한 작문의 예시다.

다음으로 사물의 확실한 성질을 나타내는 단어에 대해 수업했다. 첫 번째 수업에서 나는 털실로 만든 크고 부드러운 공과 작고 딱딱한 공 두 개를 내놓았다. 아이는 금방 크기에 차이가 있다는 것을 알았다. 아이는 작은 공을 잡고서 습관이 된 '작다 small'를 나타내는 몸짓을 했다. 즉 한 손의 피부를 약간 집는 것이다. 그리고 또 하나의 공을 잡자 그 위에 양손을 벌려 '크다 large'라는 몸짓을 했다. 난 아이의 몸짓을 '크다 large'와 '작다 small'이라는 형용사로 바꿔놓았다. 그 후 아이는 두 공의 딱딱함과 부드러움에 주의를 기울여서 '부드럽다 soft'와 '딱딱하다 hard'라는 단어를 외웠다. 잠시 후 아이는 동생의 머리를 만지면서 어머니께 '밀드레드의 머리는 작고 딱딱해'라고 말했다.

다음으로 나는 '빠르다 fast'와 '느리다 slow'의 의미를 가르쳐보았다. 어느 날 그녀는 털실 감는 것을 도와주었다. 처음에는 빨리, 나중에는 천천히 감으면서. 그래서 난 '빨리 감다', '느리게 감다'를 지문자(指文字, finger spelling)로 이야기하면서 아이의 손을 잡고 빨리 감든 느리게 감든 원하는 대로 하는 방법을 보여주었다. 다음 날 아이는 운동을 할 때 '헬렌, 빨리 감다'라고 적은 뒤 빨리 걷기 시작하고, 다음으로 '헬렌 느리게 감다'고 말하면서 그 말에 맞는 동작을 했다.

이제 난 인쇄된 단어를 읽는 것을 가르쳐야 할 시기가 왔다고 생각했다. '상자 box'라는 단어를 점자로 인쇄한 종잇조각을 실물 위에 놓았다. 다른 여러 사물에도 동일하게 해보았지만, 아이는 그 표지가 사물의 이름을 나타내고 있다는 것을 즉각 알지 못했다. 그래서 난 알파벳이 쓰인 종이를 들고서 내 손가락으로 A라고 만들면서 동시에 A라는 문자 위에 아이의 손가락을 놓았다. 내가 손가락으로 만드는 문자에 맞춰 아이는 인쇄된 문자 위를 손가락으로 만졌다. 아이는 하루 만에 모든 알파벳의 대문자와 소문자를 익혔다.

다음으로 나는 초보 독본의 첫 페이지를 넘긴 뒤 아이에게 '고양이 cat'라는 단어를 만지게 하면서 동시에 내가 손가락으로 그 단어를 적었다. 아이는 즉시 그 단어의 의미를 이해하고서 '개 dog'나 그밖의 수많은 단어를 찾아달라고 내게 부탁했다. 실제로 내가 그 책에서 아이의 이름을 찾지 못했기 때문에 아이의 기분이 언짢아질 정도였다. 그때는 아직 아이가 이해할 수 있는 점자의 문장이 없었지만, 책에 있는 단어 하나하나를 만지면서 몇 시간이나 앉아 있었다. 아이는 잘 아는 단어를 만질 때마다 매우 기뻐하며 환한 표정이 되었다. 우리는 나날이 아이의 표정이 예뻐지고 진지해지고 있음을 알았다.

대략 이때쯤 난 헬렌이 알고 있는 단어의 리스트를 애너그너스 선생님께 보냈다. 선생님께서는 친절하게 헬렌을 위해 그 단어들을 인쇄해주셨다. 헬렌의 어머니와 나는 인쇄된 단어 종이를 잘라서 헬렌이 그것을 조합해 문장을 만들 수 있게 해주었다. 이것은 다른 어느 때보다도 아이를 더 기쁘게 했으며, 이런 연습을 통해 아이는 쓰는 법을 배울 준비가 되었다. 매일 종이를 조합해 만드는 것과 동일한 것을 연필로 쓰는 일은 아이에게 금방 이해시킬 수 있었다. 게다가 아이는 이미 배운 문장에만 얽매일 필요가 없다는 것을 알자마자 마음에 떠

오른 어떠한 생각도 전달할 수가 있었다. 난 시각장애인용 서판을 테이블 위의 종이 다발 사이에 놓고서 아이가 예전에 만들려고 했던 활자체 알파벳을 시험해보라고 했다. 그러고 나서 '고양이가 우유를 마시다(Cat does drink milk)'라는 문장을 만드는 법을 아이의 손을 잡아 가르쳤다. 마침내 문장이 완성되면 아이는 매우 기뻐하면서 어머니께 가져가 그 문장을 써 보였다.

매일매일 아이는 홈이 파인 종이의 동일한 선 안을 연필로 따라 쓰는데, 단 한 순간도 짜증을 내거나 힘들어하는 모습은 볼 수 없었다.

아이가 종이에 자신의 생각을 표현하는 것을 배우자, 다음으로 점자법을 가르쳐주었다. 자신이 쓴 것을 읽을 수 있다는 사실을 발견하자 아이는 기꺼이 점자법을 배웠다. 그리고 스스로 쓴 것을 읽는다는 사실은 지금까지도 부단한 즐거움이다. 저녁 내내 머릿속에서 정신없이 오가는 여러 가지 것들을 적는데, 아이가 쓴 것을 판독하기 곤란한 일은 거의 없었다.

마찬가지로 산수도 현저하게 발전했다. 100까지의 덧셈·뺄셈이 상당히 빨라졌고 5단까지 구구단을 외웠다. 최근에는 40까지의 숫자를 다룰 수 있었다. '2배로 만드시오'라고 하면 '20의 2배는 40'이라고 바로 대답한다. 후에 내가 '15를 3배로 만드시오'라고 말했다. 저는 15의 집합을 3개 만들고서 15의 3배가 어떤 숫자가 되는지 알려면 세어

봐야 될 거라고 생각했다. 하지만 아이는 즉시 '15의 3배는 45'라는 답을 적었다.

헬렌은 백인이고 하녀 중 한 명은 흑인이라고 이야기해주자, 헬렌은 같은 일을 하고 있는 사람은 모두 똑같은 피부색을 하고 있다고 판단했다. 내가 하녀의 피부색을 물으면 항상 '검은색'이라고 대답했다. 헬렌이 모르는 일을 하고 있는 사람의 피부색을 물으면 망설인 끝에 '파란색'이라고 대답했다.

헬렌은 지금까지 사람의 죽음이나 매장에 대해 이야기를 들은 적이 없었다. 그런데 꽃들을 보기 위해 어머니와 나, 그리고 아이가 생애 최초로 묘지에 갔을 때 아이는 우리 눈에 손을 얹고 '울다 cry—울다 cry'라고 반복해서 썼다. 실제로 아이의 눈에는 눈물이 가득했다. 꽃들도 아이를 기쁘게 하지 못했는지, 그곳에 있는 동안 아이는 매우 얌전했다.

언젠가 나와 함께 걷고 있을 때 꽤 거리가 있었음에도 불구하고 아이는 오빠가 있는 것을 의식한 듯 계속 그의 이름을 반복해 쓰면서 그가 오고 있는 쪽으로 달려갔다.

걷거나 말을 타고 있을 때 아이는 마주치는 사람들의 이름을, 우리가 그들을 알아채는 것과 거의 동시에 맞히곤 했다.

1887년 11월 13일

우리는 헬렌을 서커스에 데려갔습니다. 그곳에서 '난생처음 겪는 재미있는 경험'을 했어요. 서커스 사람들은 헬렌에게 많은 관심을 가졌고, 그들이 하는 모든 일들은 태어나서 처음으로 서커스 구경을 온 헬렌에게 잊을 수 없는 사건을 만들어주었죠.

그들은 위험하지 않은 한 헬렌에게 동물을 만질 수 있게 해주었어요. 헬렌은 코끼리에게 먹이를 주기도 하고 그 거대한 등에 올라타기도 했으며, 코끼리가 원 주위를 당당히 걷는 동안에는 '동양의 공주'의 무릎에 안겨 있었습니다. 또 새끼 사자들도 만져보았어요. 사자는 새끼 고양이처럼 얌전했죠, 하지만 전 커갈수록 점점 사나워진다고 아이에게 이야기해주었어요. 그러자 아이가 조련사에게 말했죠.

'나는 새끼 사자를 집으로 데려가 얌전한 사자가 되도록 가르칠 거야.'

또 곰 조련사가 커다란 흑곰을 뒷발로 서게 한 뒤 커다란 앞발을 내밀게 하자 헬렌은 부드럽게 곰과 악수했습니다.

헬렌은 또 원숭이를 아주 마음에 들어 해서 간판스타인 원숭이가 곡예를 하는 동안 계속 만지고 있다가, 그 원숭이가 모자를 벗고 관객에게 인사하자 박장대소했습니다. 귀여운 새끼 원숭이가 나와서 헬렌의 리본을 슬쩍 빼앗자, 다른 한 마리도 헬렌의 모자에 달린 리본을 재빨리 잡으려 했죠. 저는 원숭이와 헬렌과 구경꾼 중에 누가 가장 즐기고 있는지 모를 정도였습니다.

표범 한 마리가 그녀의 손을 핥았습니다. 기린 사육사는 헬렌이 기린의 귀를 만지거나 얼마나 키가 큰지 알 수 있도록 안아 올려주었어요. 고대 그리스풍의 마차도 만져보았죠. 마부가 기꺼이 아이를 태우고 한 바퀴 원을 돌아주었어요. 하지만 아이는 '많은 준마'를 두려워했죠. 기수와 어릿광대, 줄타기 곡예사는 기꺼이 이 어린 눈먼 소녀가 의상을 만지고 움직임을 손으로 쫓을 수 있게 해주었어요. 아이는 모든 사람들에게 감사 키스를 했습니다. 몇몇 사람은 훌쩍거리고, 보르네오 원주민들은 깜짝 놀라서 아이의 작고 예쁜 얼굴에서 뒷걸음치기도 했어요.

그 이후로 아이는 서커스 얘기만 계속합니다. 아이의 질문에 답하기 위해 저는 동물에 대해 많은 책을 읽어야만 했죠. 지금 저는 마차로 정글을 달리고 있는 기분이에요!

1887년 12월 12일

헬렌은 크리스마스에 대해서만 이야기하는데, 저는 크리스마스가 코앞까지 닥쳤다는 느낌은 들지 않습니다. 당신은 작년 크리스마스가 얼마나 행복한 시간이었는지 기억하시나요?

헬렌은 드디어 시계를 볼 수 있게 되었어요. 그래서 헬렌의 아버지는 크리스마스에 시계를 선물하기로 했죠.

헬렌은 귀가 들리는 아이와 똑같이 이야기를 해달라고 자꾸만 졸라댑니다. 저는 몇 번이나 『빨간 모자(LITTLE RED RIDING HOOD)』 이야기를 들려줘야 했기 때문에 그 이야기를 끝에서 거꾸로 이야기할 수 있을 정도가 되었어요. 누구나 그렇다고 생각하지만, 아이는 슬픈 이야기를 좋아합니다. 슬픈 일이 아무것도 없을 때 슬픔을 느낄 수 있다는 것은 매우 멋진 일입니다.

이제 아이에게 짧은 시도 가르치고 있어요. 이 시들은 아이의 기억 속에 아름다운 상념을 남깁니다. 또 저는 시가 아이들의 마음을 활발하게 움직이게 한다고 생각합니다. 상상력을 자극하기 때문이죠. 물론 시의 내용을 전부 설명하진 않습니다. 그렇게 하면 상상을 펼칠 기회가 없어지니까요. 지나치게 설명해주면 아이의 주의가 문장이나 단어 하나하나에 쏠리게 되기 때문에 전체적인 의미를 파악하는 데 실패하게 됩니다. 저는 기술적인 의미에서 단어나 문장을 잊기 전까지는 그 누구도 전체적인 의미에 대해 읽거나 이야기할 수 없다고 생각합니다.

1888년 1월 1일

세상에 도움이 되는 일을 하고 있는지, 그리고 누군가에게 필요한 존재인지를 느끼는 것은 대단한 일입니다. 헬렌은 거의 모든 면에서 제게 의지하고 있는데, 이것이 저를 강하게 하고 기쁘게 해줍니다.

크리스마스가 있던 주는 여기서도 매우 바빴습니다. 헬렌이 많은 아이들에게 초대받아서 가능한 한 제가 헬렌을 데리고 갔죠. 저는 헬렌이 되도록 많은 아이들과 알고 지내고 친하게 지냈으면 합니다. 몇몇 소녀들은 지문자를 배운 뒤 그걸 할 수 있다는 것을 자랑스럽게 생각해요. 일곱 살 정도 되는 어린 남자아이는 주변에서 지문자를 배우라고 권하자 헬렌에게 자기 이름을 적어주었습니다. 헬렌은 기뻐하면서 그 아이가 당황할 정도로 껴안고 키스를 했어요.

토요일에 학교 어린이들이 크리스마스트리를 만들어서 제가 헬렌을 데리고 갔어요. 헬렌은 난생처음으로 크리스마스트리를 보자 신기해하면서 많은 질문을 던졌어요.

'누가 집 안에서 나무를 키웠어? 왜? 누가 나무에 많은 물건을 달았어?'

헬렌은 나무 위의 알록달록한 과일이 싫어서 치우려고 했어요. 분명 그 과일 전부가 헬렌 자신을 위해 준비된 거라고 생각했기 때문이죠. 하지만 과일이 아이들 한 명 한 명을 위한 선물이라는 것을 이해시키기는 어렵지 않았어요. 그리고 아이들에게 그 선물을 직접 주라고 허락하자 매우 기뻐했죠. 헬렌을 위한 선물도 있었습니다. 선물을 열어보고 싶다는 유혹과 싸우면서 아이들이 모두 받을 때까지 의자 위에 자기 선물을 놓고 기다렸죠. 어린 여자아이의 선물이 다른 아이의 것보다 적었기 때문에 헬렌은 자신의 선물을 나누어주겠다고 말했어요. 헬렌에 대한 아이들의 강렬한 관심과 그녀를 즐겁게 하기 위한 준비를 보는 일은 너무나 기분 좋았죠. 이 모임은 9시에 시작해서 새벽 1시 넘어서야 끝났습니다. 저는 손가락과 머리가 아팠지만, 헬렌은 집에서 나갈 때만큼 활기차고 생기가 넘쳤어요.

저녁 식사 후 눈이 오기 시작했습니다. 우리는 눈으로 장난을 치고, 또 눈에 대해 재미있는 수업을 했어요. 일요일 아침은 온통 은빛 세계였죠. 헬렌과 요리사 아이와 저는 눈싸움을 했습니다. 낮이 되자 눈은 모두 녹아버렸어요. 이곳에 오고 나서 처음 눈이 내렸는데, 그 때문인지 저는 집이 조금 그리워졌습니다. 크리스마스 시즌에는 여러 가지 수업을 했기 때문에 헬렌의 어휘에도 새로운 단어가 많이 늘어났어요.

몇 주 동안 우리는 크리스마스에 대해서만 대화하고 읽어주고 또 이야기했습니다. 물론 새로운 단어를 모두 설명하지는 않았기 때문에 헬렌은 제가 한 짧은 이야기를 충분히 이해하지는 못했을 거예요. 하지만 여러 번 반복함으로써 단어나 숙어를 기억하고 조금씩 의미도 알아가게 될 것입니다. 저는 지나치게 '꾸며낸' 대화로 언어를 가르치는 방법에는 반대합니다. 그것은 어리석은 방법이며 학생도 선생도 무감각하게 만들죠. 대화는 지극히 자연스러워야 하며 서로의 생각을 주고받는 일에 초점을 맞춰야 합니다. 만약 대화할 마음의 준비가 되지 않은 아이에게 '고양이', '새', '강아지'에 대한 짧고 무미건조한 문장을 칠판에 적게 하거나 손가락으로 쓰게 한다면 그것은 거의 무의미하다고 생각합니다.

처음부터 저는 자연스럽게 헬렌에게 말을 걸려고 했습니다. 아이가 흥미를 느끼는 것만 제게 이야기하도록 가르쳤고, 제가 질문하는 것은 아이가 무엇을 궁금해하는지 알고 싶을 때뿐이었어요. 아이가 제게 뭔가를 간절히 말하고 싶어 하지만 표현할 단어를 몰라서 못 하고 있으면 제가 단어나 숙어를 가르쳐줍니다. 이런 식으로 우리는 잘 하고 있어요.

헬렌은 어린이 특유의 열성과 흥미로 많은 장애를 극복할 수 있었죠. 그렇지 않고 모든 것을 정의하고 설명했다면 우리는 파멸했을 거예요. 만약 우리가 사용하는 가장 상식적인 단어를 정의하는 능력에 따라 지능을 측정한다면 과연 어떤 일이 벌어질까요? 제가 그런 테스트를 받는다면 지적장애아 학교의 1학년 반에 들어가야 할 겁니다.

첫 크리스마스를 즐기는 헬렌의 모습은 너무나 감동스럽고 아름다웠습니다. 물론 헬렌은 양말도 매달았죠 - 산타 할아버지가 한쪽을 잊어버리지 않게 양쪽 모두 매달았어요. 그리고 오랫동안 잠들지 못하다가 무슨 일이 일어나지 않을까 두세 번 침대에서 벌떡 일어났습니다. 헬렌이 잠들기 전에는 산타 할아버지가 오지 않는다고 말하자, 눈을 감고 '산타 할아버지는 여자아이가 잠들었다고 생각할 거야'라고 말하는 겁니다.

헬렌은 아침 일찍 눈을 뜨더니 난로 근처에 매달아 놓은 양말로 달려갔습니다. 산타 할아버지가 선물을 두 양말 가득히 넣어준 것을 알고 신이 나서 한참을 뛰어 돌아다녔어요. 그러다가 아주 조용해지더니 산타 할아버지가 선물을 잘못

준 것이 아닌지 제게 와서 물었죠. 산타 할아버지가 어린 여자아이 두 명이 있다고 생각했다면 실수한 것을 알고 선물을 되찾으러 올 거라고 말하는 거예요. 당신이 헬렌에게 선물한 반지는 양말 뒤꿈치 부분에 있었습니다. 당신이 헬렌에게 건네주도록 산타 할아버지에게 부탁했다는 것을 이야기해주자 '나는 홉킨스 아줌마를 좋아해'라고 하더군요. 또 낸시의 여행 가방과 옷을 받고는 '이제 낸시는 파티에 갈 거야'라고 말하는 겁니다. 점자용 석판과 종이를 발견하고서는 '나는 편지를 많이 쓸 거야. 그리고 산타 할아버지 정말 고마워요'라고 말했죠.

모든 사람, 특히 켈러 대위와 부인은 올해의 멋진 크리스마스가 작년 크리스마스에 비해 얼마나 달라졌는지에 대해 매우 깊이 감동했습니다. 작년에 헬렌은 크리스마스에 전혀 무관심했거든요. 우리가 아래층으로 내려가니 켈러 부인은 눈물 가득 고인 눈으로 제게 말했어요.

"저는 하나님이 우리 곁에 당신을 보내주신 걸 매일 감사하고 있습니다. 그런데 오늘 아침만큼 당신이 우리에게 멋진 하늘의 은혜라고 느낀 적이 없어요."

대위는 제 손을 잡고 있을 뿐 그 어떤 말도 하지 않았습니다. 하지만 그의 침묵은 말보다 더 웅변적이었죠. 저도 감사의 마음과 장엄한 기쁨으로 마음이 뿌듯했어요.

언젠가 헬렌은 짧은 이야기 속에서 할아버지라는 단어를 발견하고는 어머니께 물었습니다.

'(헬렌의 할아버지란 뜻으로) 할아버지는 어디에 있어?'

켈러 부인이 대답했죠.

'할아버지는 돌아가셨어.'

'아빠가 총으로 쏜 거야?'

이렇게 묻고 나서 덧붙였어요.

'나는 저녁 식사로 할아버지를 먹게 될 거야.'

죽음에 대한 헬렌의 유일한 지식은 음식과 결부되어 있어요. 헬렌은 아버지가 메추라기나 사슴, 그 외의 사냥감을 쏘아 잡는 걸 알고 있었죠.

오늘 아침 그녀는 'carpenter 목수'의 의미를 제게 물었습니다. 그 질문은 오늘 수업의 텍스트가 되었어요. 목수가 만드는 여러 가지 것들에 대해 이야기하자 헬렌이 물었어요.

'목수가 나를 만들었어?'

제가 대답도 하기 전에 헬렌은 재빨리 적었습니다.

'아니야, 아니야, 사진사가 셰필드에서 나를 만들었어.'

커다란 철강 용광로 하나가 셰필드에서 조업을 시작했습니다. 어느 날 저녁, 우리는 용광로가 'run 작동'하는 것을 보러 갔죠. 헬렌은 용광로의 열을 느끼자 물었어요.

'태양이 떨어졌어?'

1888년 1월 9일

보고서가 어젯밤에 도착했어요. 애너그너스 선생님이 친절한 마음에서 저와 헬렌에 대해 말하는 것은 이해가 됩니다. 하지만 저는 그분의 과장된 표현이 조금 당황스럽네요. 사실은 훨씬 단순 명료합니다. 왜 그는 꿈에도 생각지 못한 동기가 저에게 있었을 거라고 말씀하시는 걸까요? 제가 이곳에 온 것이 박애주의 때문이 아니라는 건 당신도 그도, 그리고 저도 잘 알고 있을 텐데 말입니다. 그런데도 제가 하우이 박사의 훌륭한 정신을 흡수해서 이 작은 앨라배마 사람을 어둠의 세계에서 구하려는 열의에 불타고 있다니, 말도 되지 않는 소리입니다. 제가 이곳에 온 것은 단순히 생활비를 벌어야 하는 상황이었기 때문이죠. 그래서 저도 그리고 그도 이 일에 제가 특별히 적합하다고는 생각지 않았지만, 단지 저는 처음으로 주어진 기회를 잡았을 뿐입니다.

1888년 1월 26일

헬렌의 편지를 받으셨는지요? 이 작은 아이는 편지를 연필로 쓰지 않겠다는 겁니다. 오늘 아침 제가 프랭크 아저씨에게 편지를 쓰자고 했지만 아이는 싫어했어요. '연필로 쓰면 머리가 너무 지쳐버려요. 프랭크 아저씨에게 점자로 쓸래요'라고 하는 겁니다. 제가 '하지만 프랭크 아저씨는 점자를 읽을 수가 없어'라고 말하면 '내가 가르쳐줄 거야'라고 말합니다. 제가 프랭크 아저씨는 나이가 들어서 금방 점자를 외울 수 없다고 설명하면, 아이는 바로 '프랭크 아저씨는 늙어서 아주 작은 글씨는 못 읽을 거야'라고 대답했어요.

간신히 아이를 설득해서 몇 줄 쓰게 했습니다. 그런데 다 쓸 때까지 연필을 여섯 번이나 부러뜨렸어요. 제가 '넌 장난꾸러기 소녀야'라고 말하자, 아이는 '아니야, 연필이 너무 약하기 때문이야'라고 대답했죠. 아이가 연필로 쓰는 것을 싫어하는 것은 친구나 낯선 사람에게서 수없이 써달라고 부탁받았기 때문이라고 생각해요. 학교에서 아이들이 연필로 쓰는 것을 얼마나 싫어하는지 당신도 아시죠? 적는 데 시간이 오래 걸려 골치가 아프고, 게다가 자신이 쓴 것을 읽을 수도 없고 틀린 부분을 고칠

116

수도 없으니까요.

헬렌은 점점 더 색깔에 흥미를 보이고 있습니다. 제가 밀드레드의 눈은 파랗다고 말하면 아이는 '작은 하늘 같아?'라고 묻습니다. 아이가 받은 카네이션은 빨갛다고 말해주면, 아이는 바로 입을 오므리며 '입술(립)은 핑크색 같아'라고 말합니다. 저는 입술(립)은 튤립이라고 말했죠. 하지만 물론 아이는 농담을 이해하지 못했어요. 저는 아이가 아직 보거나 들을 수 있었던 1년 반 동안에 받은 색채의 인상이 완전히 없어졌다고는 생각지 않습니다. 우리가 보거나 들은 것은 모두 마음속 어딘가에 남아 있죠. 뒤죽박죽되고 흐리멍덩해져서 분간하지 못할 수도 있겠지만, 그래도 그 인상은 짙은 어스름 속에 잃어버린 풍경처럼 그 자리에 있는 겁니다.

1888년 2월 10일

우리는 어젯밤 집으로 돌아왔습니다. 멤피스에서는 더할 나위 없이 즐거웠지만 저는 전혀 쉴 틈이 없었죠. 드라이브나 점심 식사, 환영회, 그리고 당신이 헬렌처럼 열성적이고 지칠 줄 모르는 아이들과 함께 있으면 휘말릴 만한 갖가지 일로 처음부터 끝까지 난리법석이었어요.

헬렌은 쉴 새 없이 이야기했죠. 몇몇 젊은 분이 헬렌과 이야기하는 법을 배우지 않았다면 저는 어쩔 줄 몰랐을 거예요. 젊은 분들은 가능한 한 제가 쉬도록 해주었죠. 그래도 저는 저만의 조용한 시간을 30분도 가질 수 없었어요. 늘 이렇죠. '설리번 씨, 잠깐 오셔서 헬렌이 무슨 말을 하는지 알려주세요' 또는 '설리번 씨, 이것을 헬렌에게 설명해주세요. 우리 힘으로는 설명할 수가 없네요'. 멤피스의 백인 중 절반이 저희를 찾아온 듯해요.

헬렌은 천사도 망쳐버릴 만큼 귀염과 돌봄을 받았죠. 하지만 저는 아이가 망가지는 것은 불가능하다고 생각해요. 아이는 자의식이 전혀 없고 사랑이 깊기 때문이죠.

멤피스의 상점은 분위기가 정말 좋아서 저는 어리석게도

가진 돈을 모두 써버렸습니다. 어느 날 헬렌이 말했어요.

'나, 낸시에게 정말 예쁜 모자를 사줘야 해.'

제가 대답했죠.

'그래. 오늘 오후에 쇼핑하러 가자.'

헬렌은 1달러 은화와 10센트 은화를 가지고 있었어요. 상점에 도착했을 때 제가 낸시의 모자를 얼마 주고 살 거냐고 묻자 아이는 바로 대답했죠.

'10센트 낼 거야.'

'1달러는 어떡할 거야?'

그러자 아이는 이렇게 대답했어요.

'맛있는 사탕을 사서 투스컴비아로 갖고 갈 거야.'

우리는 주식 거래장과 증기선을 보러 갔습니다. 헬렌은 증기선에 많은 흥미를 보이면서 엔진부터 깃대 위의 깃발까지 모두 보여달라고 우겼어요. 지난주 〈네이션〉 잡지에 실린 헬렌에 대한 기사를 읽고 마음이 뿌듯했습니다.

「보고서」를 공표하고 나서 켈러 대위는 재미있는 편지 두 통을 받았습니다. 하나는 알렉산더 그레이엄 벨 박사, 또 하나는 에드워드 에버릿 헤일 박사가 보낸 것이었죠. 헤일 박사는 헬렌의 친척인데 이 어린 사촌을 매우 자랑스럽게 생각하는 듯

합니다. 벨 박사는 헬렌의 발전은 청각장애인 교육에 비할 바 없는 것이라고 썼고, 또 아이의 선생님을 많이 칭찬해주고 계십니다.

1888년 3월 5일

어제는 편지를 다 쓸 기회가 없었습니다. Ev. 양이 와서 헬렌이 외운 단어 리스트 만드는 것을 도와줬어요. 우리는 P까지 만들었습니다. 거기까지 헬렌이 외운 단어는 900개죠. 3월 1일부터 헬렌에게 일기*를 쓰게 했습니다. 아이가 언제까지 일기를 계속 쓸 수 있을지는 몰라요. 비교적 재미없는 일이라고 생각하니까요. 하지만 아직까지는 일기 쓰는 것을 매우 재미있어합니다. 자신이 알고 있는 것을 모두 이야기하고 싶어 하죠. 다음 일기는 헬렌이 일요일에 쓴 것입니다.

「나는 일어나서 얼굴과 손을 씻고 머리를 빗었고, 선생님에게 이슬에 젖은 제비꽃을 세 송이 따주었어요, 그리고 아침을 먹었습니다. 아침 식사 후 잠깐 동안 인형과 놀았어요. 낸시는 기분이 언짢았죠. 기분이 언짢다는 것은 울면서 발로 차는 거예요. 나는 책에서 크고 사나운 동물에 대해 읽었죠. 맹수란 아주 언짢고 강한 데다 매우 배가 고픈 것이에요. 나는 사나운 동물은 싫어하죠. 나는 제임스 아저씨에게 편지를 썼어요. 그는 온천에 살고 있죠. 그는 의사 선생님이에요. 의사는 아픈 여자

아이를 고치죠. 나는 병이 싫어요.

그리고 나는 저녁 식사를 했어요. 나는 아이스크림을 매우 좋아하죠. 저녁 식사 후 아빠는 기차를 타고 멀리 있는 버밍엄으로 갔어요. 나는 로버트에게 편지를 받았죠. 그는 나를 좋아해요. 그는 '사랑하는 헬렌, 로버트는 사랑스럽고 귀여운 어린 헬렌에게 편지를 받아 기뻤다'라고 말했죠. 나는 햇빛이 비치면 당신을 만나러 갈 거예요. 뉴썸 부인은 로버트의 부인이고, 로버트는 그녀의 남편이죠. 로버트와 나는 달리고, 뛰고, 춤추고, 그네를 타고, 새와 꽃과 나무와 풀에 대해 이야기하겠죠. 점보와 펄이 우리와 함께 갈 거예요. 선생님은 우리를 바보 같다고 말하겠죠. 선생님은 익살맞아요. 익살은 우리를 웃게 하죠. 나탈리는 착한 아이라서 울지 않아요. 밀드레드는 울어요. 그 아이는 많은 시간이 지나야 착한 아이가 될 거예요. 그러면 나와 함께 뛰어놀게 되겠죠.

그레이브스 부인은 나탈리를 위해 짧은 옷을 만들고 있어요. 메이오 씨는 덕 힐에 갔고요. 거기서 향기가 좋은 꽃을 집으로 많이 가져왔죠. 메이오 씨와 파리스 씨와 그레이브스 씨는 나와 선생님을 좋아해요. 나는 그들을 만나기 위해 이제 곧 멤피스에 갑니다. 그들은 나를 껴안고 키스를 하겠죠. 손튼은 학교에 가고, 그리고 얼굴을 흙투성이로 만들 거예요. 남자아이는 조심스러워야 하죠. 저녁 식사 후 나는 선생님과 침대에서 장난을 치며 놀았어요. 선생님은 나를 베개 밑으로 묻었고, 나는 땅에서 솟아나는 나무처럼 매우 천천히 나왔죠. 이제 나는 그만 자야 해요.

헬렌 켈러」

*이 일기의 대부분은 산실되었지만 다행히 헬렌 켈러는 수많은 편지와 습작을 썼기 때문에 그런 종류의 기록은 많이 남아 있다.

1888년 4월 16일

우리는 지금 막 교회에서 돌아왔습니다. 오늘 아침 식사 후 켈러 대위는 제게 헬렌을 교회로 데려갔으면 한다고 말했어요. 장로회 일행이 거기 와 있었기 때문에 헬렌을 목사들과 만나게 하고 싶었던 모양입니다.

우리가 도착했을 때는 일요학교가 한창이었습니다. 헬렌이 입장했을 때의 소동을 당신께 보여드리고 싶어요. 아이들은 일요학교에서 헬렌을 만나자 굉장히 기뻐했죠. 그리고 선생님 말을 듣지 않고 자리에서 뛰쳐나와 우리를 둘러쌌어요. 헬렌은 소년과 소녀들 모두에게 다짜고짜 키스했습니다. 헬렌은 처음에는 목사님들이 그 아이들을 데려왔다고 생각했지만 이내 교회 안에 어린 친구들이 있다는 걸 알아차렸죠. 그래서 저는 목사님들은 아이들을 데려오지 않았다고 말해주었어요. 헬렌은 실망한 모습으로 '나는 그들에게 많은 키스를 보낼 거야'라고 말했죠. 목사님 중 한 명이 저에게 '목사님은 어떤 일을 합니까?'라고 헬렌에게 물어봐 달라고 했어요. '목사님은 사람들이 행복해지도록 큰 소리로 읽거나 이야기합니다'라고 헬렌이 말했죠. 그 목사는 수첩에 헬렌의 대답을 적어두었어요.

예배가 시작될 무렵 헬렌이 매우 흥분한 상태라서 저는 아이를 데리고 집으로 가는 것이 좋겠다고 생각했습니다. 하지만 켈러 대위가 "아니요, 헬렌은 괜찮을 거예요"라고 하셔서 어쩔 수 없이 그곳에 있었죠. 헬렌을 얌전히 앉아 있게 할 수는 없었어요. 그 아이는 저나 맞은편에 앉아 있던 평온한 표정의 목사님에게 안기거나 키스를 했죠. 그 목사는 손목시계를 헬렌에게 주면서 그것을 가지고 놀게 하려고 했지만 헬렌은 조용해지지 않았습니다. 헬렌은 뒷자리에 있는 어린 남자아이에게 시계를 보여주고 싶어 했죠. 성찬식이 시작되고 포도주 냄새가 나자 헬렌은 온 교회에 들릴 만큼 큰 소리로 킁킁 냄새를 맡았어요. 포도주가 옆 사람에게 오자 헬렌이 빼앗으려고 해서 그가 일어나야만 했죠. 저는 그 자리를 떠나는 것이 이 교회에서만큼 기뻤던 적이 없어요! 얼른 헬렌을 밖으로 데리고 나가려 했지만, 헬렌은 팔을 뻗은 채 자기 손에 옷자락이 닿은 사람 모두가 돌아보게 했죠. 그들은 집에 두고 온 아이의 수만큼 헬렌의 키스를 받아야만 했습니다. 모두가 헬렌의 익살맞은 몸짓에 웃었습니다. 당신이 보셨다면 그들이 교회가 아니라 오락장에서 돌아오는 길인 줄 아셨을 거예요.

켈러 대위는 목사님 몇 분을 저녁 식사에 초대했습니다. 헬렌은 자신을 억누를 수 없었죠. 그래서 브루스터에서 할 예정이었던 것을, 심지어 철자를 적어서 보충하면서까지 아주 활기찬 몸짓으로 표현했습니다. 결국에는 테이블에서 일어나 해초나 조개를 줍는 동작을 하거나 물속을 첨벙첨벙 헤엄치는 몸짓을 하면서, 예의를 차려야 하는 것도 모르고 치마를 높이 걷어올렸어요. 다음으로 아이는 바닥에 몸을 던지고서 너무나 활기차게 헤엄을 쳤는데, 의자에 앉은 우리를 걷어차는 건 아닐까 걱정될 정도였어요. 아이의 몸짓은 그 어떤 말보다도 표현력이 훨씬 풍부합니다. 그리고 요정처럼 우아하죠.

저와 마찬가지로 당신에게도 하루하루가 길게 느껴질 거예요. 우리는 보스턴, 보스턴 하면서 단지 보스턴에 대해 이야기하고 계획하고 꿈꾸고만 있습니다. 켈러 부인은 저희와 함께 가기로 확정했지만 여름 내내 머물지는 않을 겁니다.

1888년 5월 15일

이 편지가 앞으로 오랫동안 제가 당신에게 쓰는 마지막 편지라는 것을 아시겠어요? 이다음 당신에게 보내는 저의 말은 노란색 봉투에 들어 있을 겁니다. 그리고 우리가 보스턴에 도착한 시기를 알려줄 거예요. 저는 너무 기뻐서 편지를 쓰지 못할 지경이에요. 그래도 신시내티를 방문한 일은 말씀드려야겠어요.

우리는 '의사 선생님들'과 즐거운 일주일을 보냈습니다. 켈러 박사가 멤피스로 마중을 나오셨죠. 기차에 타고 있던 사람들 대부분이 의사였고, 켈러 박사는 그들 모두를 아는 듯했습니다. 우리가 신시내티에 도착했을 때는 의사 선생님으로 가득 찼습니다. 그 안에는 유명한 보스턴 의사도 몇 명 있었죠. 우리는 버닛 하우스에 머물렀어요. 모두가 헬렌을 만나는 것을 기뻐했습니다. 모든 학자가 아이의 지성과 쾌활함에 놀랐죠. 아이에겐 사람을 매혹하는 무언가가 있어요. 저는 그것이 온갖 사물과 모든 사람을 대하는 아이의 즐거운 관심이라고 생각합니다.

어딜 가나 헬렌은 관심의 대상이에요. 헬렌은 호텔의 오케스트라가 마음에 들어서 음악이 시작되면 늘 온 방 안을 춤추고 다니다가 어쩌다 맞닿은 사람에겐 누구라도 껴안고 키스합니다. 아이의 명랑함은 모두에게 인상적이었죠. 어느 누구도 아이를 불쌍하다고 생각하지 않았을 거예요. 어느 신사가 켈러 박사에게 말했어요.

"저는 지금까지 행복한 얼굴을 많이 봐왔지만, 오늘 밤 이 아이만큼 환한 얼굴은 본 적이 없습니다."

또 다른 사람은 이렇게 말했죠.

"이 아이만 곁에 있어준다면 제가 가진 그 어떤 것이든 줄 수 있을 거예요."

사람들이 해준 온갖 고마운 말들을 적고 있을 시간이 없네요. 그 말들은 너무 많아서 한 권의 책이 될 정도이고, 게다가 사람들이 우리에게 보여준 배려에 대해 쓴다면 또 한 권의 책이 될 것입니다. 켈러 박사는 애너그너스 선생님이 제게 보낸 보고서의 발췌 내용을 나누어주었지만, 만약 이런 책이 있었다면 더 많은 발췌 내용을 작성했을 거예요.

몇 년 전에 메인 주의 주지사를 하셨던 가르셀론 박사를 기억하세요? 그가 어느 날 오후 우리를 드라이브 시켜주고 헬렌에게는 인형을 선물하려고 했습니다. 그런데 헬렌은 이렇게 말했죠.

'나는 더 이상 아이가 많은 건 싫어. 낸시는 아프고, 애들린은 시무룩하고, 아이다는 고약해요.'

저는 눈물이 날 정도로 웃었습니다. 헬렌이 너무나도 심각하게 그렇게 말해서 말이죠. "그럼 너는 뭘 갖고 싶니?" 하고 박사가 묻자, 그녀는 '말하는 예쁜 글러브'를 갖고 싶다고 말했어요. 박사는 지금까지 '말하는 글러브'에 대해서 들어본 적이 없었기 때문에 당혹해하셨습니다. 그래서 저는 헬렌이 예전에 알파벳을 인쇄한 글러브를 본 적이 있어서 그걸 살 수 있다고 생각한 것 같다고 이야기했죠. 박사가 글러브를 사시면 제가 그 글러브에 알파벳 도장을 찍어드리겠다고 말씀드렸습니다.

우리는 데이어(예전에 당신의 목사님이었던) 부부와 함께 점심 식사를 했습니다. 그는 헬렌에게 어떻게 형용사와 친절이나 행복 같은 추상적 개념의 명칭을 가르쳐주었는지 물었어요. 저는 똑같은 질문을 의사들에게 여러 번 받았죠. 실제로는 지극히 간단한 일이지만 모두가 놀라워하니 신기하네요.

어떤 개념이 아이의 마음속에 명확히 있는 경우, 그 개념의 이름을 가르치는 것은 사물의 이름을 가르치는 것처럼 쉬운 일입니다. 반면에 개념이 아이 마음속에 아직 존재하지 않은 경우라면 그 단어를 가르치기가 상당히 어렵죠. 경험이나 관찰을 통해 아이에게 작다 · 크다 · 좋다 · 나쁘다 · 달다 · 시다 등의 개념이 만들어져 있지 않다면, 아이는 그 단어를 무엇에 연결해야 할지 모르는 겁니다.

저는 비록 무식하지만 동양과 서양의 현자들에게 저도 모르게 다음과 같이 설명해버렸습니다 - 아이에게 단것을 주면 아이는 혀를 움직여 입맛을 다시면서 기뻐합니다. 이때 아이는 확실한 감각을 갖죠. 그리고 이 경험을 겪을 때마다 '달다'라는 단어를 듣거나 또는 손에 그 글자를 적으면, 아이는 이 감각에 대한 이 특정 기호를 바로 채용하게 됩니다. 당신이 레몬 한 조각을 아이의 혀에 얹으면, 아이는 입술을 오므리며 뱉으려고 하죠. 이런 경험을 몇 번 겪은 후에 눈앞에 레몬이 주어지면 아이는 입을 다물고 얼굴을 찌푸립니다. 이것은 아이가 불쾌한 감각을 기억하고 있다는 걸 확실히 보여주죠. 당신은 그 감각을 '시다'라고 적고, 아이는 당신의 기호를 채용합니다. 만약 이 감각들을 각각 '까맣다 · 하얗다'라고 당신이 부른다면 아이는 역시 바로 채용하겠지요. 하지만 이런 경우에는 '까맣다'와 '하얗다'를 실제로는 '달다'와 '시다'의 의미로 생각하죠. 마찬가지로 아이는 수많은 경험을 통해 자신의 감각을 구별하는 법을 배웁니다. 그리고 우리는 그 감각에 '좋다 · 나쁘다 · 자상하다·난폭한·행복한·슬픈' 등의 이름을 붙이죠. 아이의 교육에서 중요한 것은 감각을 많이 경험하는 능력이지, 언어가 아닙니다.

– 설리번 여사의 편지 중 하나에서 발췌한 것을 덧붙인다. 왜냐하면 이 글에는 그녀가 다른 사람의 방법을 관찰함으로써 자극받은 흥미로운 의견을 담고 있기 때문이다.

설리번 여사의 편지에서 발췌

우리는 한 청각장애인 학교를 방문했습니다. 우리는 진심으로 환영받았고, 헬렌은 아이들과의 만남을 기뻐했죠. 선생님 두 분이 지문자를 알아서 통역 없이 헬렌과 이야기했어요. 그들은 헬렌이 말을 자유롭게 사용하는 것에 놀랐습니다. "우리 학교에는 헬렌 정도의 표현력을 가진 아이가 없습니다. 그중 몇 명은 2, 3년간 교육을 받았는데도 말이죠"라고 선생님들은 말했습니다. 처음에는 좀처럼 믿을 수 없었어요. 하지만 두 시간 정도 아이들이 공부하는 모습을 보고 나서는 그것이 진실이라는 걸 알았고 놀라지도 않았습니다.

한 교실에서는 작은 아이들이 칠판 앞에 서서 '간단한 문장'을 애써서 만들고 있었습니다. 여자아이가 다음과 같이 적었죠.

「나는 새 옷을 갖고 있습니다. 그것은 예쁜 옷이죠. 엄마가 예쁜 새 옷을 만들었어요. 나는 엄마가 좋습니다.」

곱슬머리 남자아이는 이렇게 적었습니다.

「나는 큰 공을 가지고 있어요. 나는 큰 공 차는 것을 좋아합니다.」

우리가 교실에 들어가자 아이들의 시선이 헬렌에게 모아졌습니다. 그들 중 한 명이 제 소매를 잡아당기면서 "여자아이는 눈이 안 보여"라고 말했습니다. 선생님은 칠판에 '이 소녀의 이름은 헬렌입니다. 이 소녀는 귀가 들리지 않습니다. 이 소녀는 눈이 보이지 않습니다. 우리는 매우 불쌍하게 생각합니다'라고 적었습니다. 그래서 저는 "어째서 문장을 칠판에 적는 건가요? 헬렌에 대해 이야기하면 아이들이 알아들을 수 없나요?"라고 물었습니다. 그러자 그 선생님은 바른 구문을 만드는 것이 중요하다고 말하면서 헬렌에 대한 연습 문제를 더 만들었죠. 저는 그 선생님에게 새로운 옷에 대해 적은 소녀가 실제로 그 새 옷을 특별히 좋아했는지 물어봤습니다. 선생님은 "아니요, 그렇지는 않다고 생각합니다. 하지만 아이들은 자신이 관심을 가진 것에 대해 쓸 때 더 쉽게 배우지요"라고 말했습니다. 그건 너무 기계적이고 어렵게 보였기 때문에 저는 아이들이 불쌍해졌어요.

귀가 들리는 아이에게 처음부터 '나는 예쁜 새 옷을 가지고 있습니다'라고 말하게 하려는 사람은 아무도 없겠죠. 이곳 아이들은 "아빠가 아기에게 뽀뽀한다—예뻐" 등 혀가 돌아가지 않는 말투를 하거나, 새 옷을 가리킴으로써 의미를 전달하려는 아기보다 나이가 많은 것은 사실이지만, 언어를 이해하고 사용하는 능력이 그들보다 크다고는 말할 수 없습니다.

똑같은 어려움이 온 학교 안에 있었습니다. 모든 교실에서 칠판에 문장이 쓰인 걸 보았습니다. 그것은 명백히 문법을 설명하기 위해 쓰였거나, 또는 전에 배운 단어를 이런저런 문맥에서 사용하기 위해 쓰인 것이죠. 이런 종류의 일은 교육의 어느 단계에서는 필요하겠지만, 언어를 습득하고 늘리는 방법은 아니에요. 이 칠판의 연습 문제만큼, 자연스럽게 이야기하고픈 아이의 충동을 완전히 부숴버리는 것도 없다고 저는 생각합니다.

학교는 어린아이에게, 적어도 청각장애아에게 언어를 가르치는 곳이 아닙니다. 귀가 들리는 아이와 마찬가지로 그들에게도 언어를 배우고 있다는 의식을 일으키지 않아야 합니다. 그래서 지적 능력이 자라나 제대로 된 문장을 요구하게 될 때까지는 일음절 단어라도 상관없으니 손가락이나 연필로 두서없이 말하게 해야 합니다. 언어는 아이의 마음속에서 학교에서의 지루한 시간이나, 어려운 문법의 문제나, 그 밖에 즐거움의 적이 되는 것과 결부되지 않아야 합니다. 하지만 타인의 방식을 너무 강하게 비판하는 것은 그만두겠어요. 저도 그들처럼 올바른 길에서 멀리 떨어져 있을지도 모르니까요.

― 설리번 여사의 두 번째 보고서는 1888년 10월 1일까지의 이야기를 싣고 있다.

설리번 여사의 보고서에서 발췌

작년 한 해 동안 헬렌은 계속 건강이 양호했다. 아이는 전문의에게 귀와 눈 검사를 받고서 빛과 소리를 전혀 느끼지 못한다고 진단받았다.

아이의 후각과 미각이 신체적인 정보를 얻는 데 어느 정도로 도움이 되는지 정확하게 말할 수는 없다. 그러나 저명한 대가에 따르면 이 감각들이야말로 정신과 도덕의 발달에 큰 영향을 끼치는 것이다. 듀갈드 스튜어트는 이렇게 말한다.

"인간의 마음과 관련된 가장 중요한 말 몇 가지는 후각에서 빌려온 것이다. 후각은 온갖 나라의 시적 언어에서 두드러진 위치를 차지하는데, 이 감각이 마음의 상상과 도덕적 정서 등의 세련된 움직임과 얼마나 쉽고 자연스럽게 이어지는지를 나타낸다."

헬렌은 확실히 이 감각들을 연습하는 데서 많은 즐거움을 얻고 있다. 온실에 들어갈 때 아이의 표정은 빛이 나면서 후각만으로 잘 알게 된 꽃의 이름을 말할 것이다. 아이는 냄새의 기억을 생생하게 상기해낸다. 장미나 제비꽃 냄새를 예감하고는 기뻐한다. 이 꽃들로 만든 꽃다발을 주겠다고 약속하면, 아이는 상상으로 그 향기를 느낌으로써 유달리 행복해 보이는 표정을 짓는다. 그래서 이 일은 아이에게 기쁨을 준다. 꽃향기나 과일의 맛은 아이의 마음에 집에서 있었던 행복한 일이나 아주 기쁜 생일 파티를 상기시킨다.

그해, 아이의 촉각은 눈에 띄게 발달해서 예리함과 섬세함을 더했다. 실제로 아이의 온몸은 정밀하게 조직되어서 친구들과 보다 친밀한 관계를 갖기 위한 수단으로 사용하고 있는 것 같았다. 아이는 소리나 운동으로 일어나는 공기의 진동이나 바닥의 진동을 정확하게 구별한다. 손이나 옷에 닿는 것만으로도 친구들이나 지인을 구별할 수 있을 뿐 아니라, 주변 사람들의 정신 상태까지도 느끼는 것이 가능하다. 헬렌과 이야기하는 사람은 누구나 너무 기뻐하거나 너무 슬퍼할 수 없고, 또 그 마음의 움직임을 그녀에게 알리지 않는 것도 불가능하다.

헬렌은 대화 속에서 하나의 단어에 놓인 가장 사소한 강조까지도 관찰할 수 있다. 즉 손 근육을 다양하게 움직이거나 위치를 달리할 때마다 그 의미를 발견할 수가 있다. 아이는 친애의 정을 나타내는 상냥한 포옹이나, 찬성해서 손뼉을 치는 것이나, 답답해서 끌어당기는 일이나, 명령하는 확고부동한 거동이나, 그 외의 여러 가지 무수한 감정을 표현하는 말에 재빨리 반응한다. 아이는 정서라는 무의식적 언어를 해석하는 데 대단히 숙련되어서 때로는 우리가 생각하고 있는 것을 알아맞히기까지 한다.

헬렌에 관한 보고서[3]에서 나는 작년에 아이가 불가사의한 정신 능력을 사용하고 있는 것처럼 보이는 사례 몇 가지에 대해 기술했다. 그러나 더욱 주의해서 고찰한 결과, 현재 그 능력은 아이가 대하는 사람의 감정을 나타내는 근육 변화를 완전히 파악한 데서 나오는 것이라고 설명할 수 있다. 주변 사람들의 정신 상태를 확인하는 수단으로서 주로 이 근육의 감각에 의지할 수밖에 없었던 것이다. 아이는 신체의 몇 가지 움직임은 분노로, 또 다른 움직임은 기쁨이나 슬픔으로 연결하는 것을 배웠다. 어느 날, 어머니와 애너그너스 선생님이 함께 외출했을 때, 어떤 소년이 딱총을 쏘아서 켈러 부인을 놀라게 했다. 아이는 즉각 어머니의 움직임의 변화를 느끼고는 '뭐가 무서운 거야?'라고 물었다. 또 언젠가 아이와 광장을 걷고 있을 때, 나는 경관이 한 남자를 경찰서로 끌고 가는 것을 보았다. 내가 느낀 동요는 확실히 알아차릴 정도의 신체 변화를 만들어냈다. 왜냐하면 헬렌은 흥분해서 '뭘 본 거야? 라고 물었기 때문이다.

---

3 1887년도 퍼킨스 시각장애아 학교 리포트.

신시내티의 이비인후과 의사가 귀를 검사했을 때 이 신기한 능력에 대한 인상적인 설명이 이루어졌다. 아이가 소리를 느끼는 것이 가능한지를 확인하기 위해 몇 가지 실험이 시행되었다. 그곳에 있던 사람 모두 아이가 휘파람뿐만 아니라 목소리 상태까지도 구별하는 듯하자 깜짝 놀랐다. 아이는 고개를 갸우뚱하고 웃으면서 마치 말의 내용을 듣는 것처럼 반응했다. 그때 나는 아이 곁에 서서 아이의 손을 잡고 있었다. 아이가 나를 통해 무언가 인상을 받고 있는 것은 아닌가 생각해서 나는 아이의 손을 테이블 위에 놓고 방 반대편으로 물러났다. 그리고 이비인후과 의사들이 더 실험했더니 전혀 다른 결과가 나왔다. 아이는 실험하는 동안 몸도 움직이지 않고 무엇이 일어나고 있는지 이해하는 듯한 몸짓도 전혀 나타내지 않았다. 내가 제안해서 신사 한 사람이 아이의 손을 잡고 다시 테스트가 진행되었다. 이번에 아이는 말을 걸어올 때마다 표정을 바꿨지만, 내가 손을 잡고 있을 때와 같은 확실한 변화는 나타내지 않았다.

헬렌에 대한 작년 보고서에는 아이가 죽음에 대해, 또는 인간의 매장에 대해 아무것도 모른다는 사실이 기술되어 있다. 그러나 난생처음 묘지에 들어갔을 때 그녀는 어떤 감정의 움직임을 나타냈다. 그녀의 눈은 눈물로 가득했다.

이것과 같은 정도로 주목할 만한 일이 작년 여름에 일어났다. 하지만 그 일에 대해 말하기 전에 나는 아이가 이제는 죽음에 대해 알고 있음을 말해둔다. 내가 아이를 알기 전에 아이는 죽은 닭이나 작은 새, 다른 작은 동물에게 장난을 치고 있었다. 앞서 언급한 묘지 방문 뒤에 헬렌은 어떤 사고로 다리를 심하게 다친 말에게 흥미를 보여서 매일 나와 함께 만나러 갔다. 다리의 상처가 금방 악화해서 말은 대들보에 매달렸다. 말은 고통으로 신음했고, 헬렌은 그 신음 소리를 느끼고 슬픔으로 가득 찼다. 마침내 말을 죽여야 할 때가 되었고, 그래서 헬렌이 다음에 만나러 가자고 말했을 때 나는 말이 '죽었다'라고 이야기해주었다. 아이가 이 단어를 들은 것은 이때가 처음이었다. 나는 고통에서 놓아주기 위해 말을 총으로 쏘았다고, 그리고 그 뒤에 '매장되었다', 즉 땅속에 묻혔다고 아이에게 설명했다. 고의로 말에게 총을 쏘았다는 것은 아이에게 그렇게 큰 인상을 주지 않았다고 나는 생각하고 싶다. 하지만 예전에 아이가 접촉한 적이 있는 죽은 작은 새처럼 말의 생명이 사라졌다는 것, 그리고 땅속에 묻혔다는 것은 이해했다고 생각한다. 이 사건 이래로 기회 있을 때마다 나는 '죽었다'라는 단어를 썼지만 그 의미에 대해서는 더 이상 설명하지 않았다.

매사추세츠 주의 브루스터를 방문했을 때, 헬렌과 내 친구와 함께 묘지에 갔다. 아이는 차례차례 묘비를 살핀 뒤 묘비에 새겨져 있는 이름을 해독하고 기뻐하는 듯했다. 아이는 꽃 냄새를 맡았지만 꽃을 꺾으려고 하지는 않았다. 내가 꽃을 꺾어주자 아이는 옷에 꽃을 다는 것을 거부했다. 플로렌스라는 이름이 새겨진 대리석을 발견했을 때, 아이는 무언가를 찾는 듯 지면에 바짝 몸을 웅크리더니 얼굴에 곤혹스러운 표정을 가득 떠올리면서 내게 물었다.

'불쌍한 플로렌스는 어디 있어?'

나는 그 질문을 무시하려고 했지만, 아이는 그만두지 않았다. 내 친구 쪽을 돌아보면서 물었다.

'불쌍한 플로렌스를 위해 운 거야?'

그러고는 거듭 다시 물었다.

'그녀는 죽어버린 거죠? 누가 구멍 속에 묻은 거야?'

아이가 슬픈 질문을 계속했기 때문에 우리는 묘지를 나왔다.

플로렌스는 내 친구의 딸이며, 젊은 나이에 죽었다. 하지만 헬렌은 그녀에 대해 아무것도 들은 것이 없었고, 내 친구에게 딸이 있었다는 것도 몰랐다. 헬렌은 플로렌스에게서 인형 침대와 장난감 차를 받은 적이 있고, 그것을 다른 선물과 똑같이 생각하고 다루었었다.

묘지 방문을 끝내고 집으로 돌아오자 아이는 그 장난감이 들어 있는 벽장 쪽으로 갔다. 그러고는 장난감을 꺼내 내 친구에게 갖고 와서 말했다.

'이것은 불쌍한 플로렌스 거야.'

아이가 어떻게 그걸 알아챘는지는 모르지만 사실이었다. 그다음 주에 아이 어머니에게 쓴 편지에서 헬렌은 자신이 받은 인상을 자신의 말로 표현했다.

「나는 내 작은 아가들을 플로렌스의 작은 침대에서 재우고 그녀의 차에 태웁니다. 불쌍한 플로렌스는 죽었습니다. 그녀는 심각한 병에 걸려 죽었습니다. H 부인은 사랑스러운 아이들을 위해 큰 소리로 울었습니다. 그녀는 땅속에 있습니다. 그래서 매우 더러워져 있습니다. 또 춥습니다. 플로렌스는 새디와 같이 매우 사랑스러웠습니다. H 부인은 그녀에게 키스하고 세게 껴안았습니다. 플로렌스는 커다란 구멍 속에서 매우 슬퍼하고 있습니다. 의사 선생님은 그녀가 건강해지도록 약을 주셨지만, 불쌍한 플로렌스는 좋아지지 않았습니다. 그녀는 심각한 병에 걸렸을 때 침대 안에서 몸부림치며 신음했습니다. H 부인은 조만간 그녀를 만나러 가겠죠.」

이와 같은 정신 활동에도 불구하고 헬렌은 매우 평범한 아이다. 헬렌은 재미있는 일이나 장난치는 것을 좋아하고 다른 아이들과 함께 있는 것을 매우 좋아한다. 아이는 결코 초조해하거나 화내지 않는다. 놀이 친구들이 자신을 잘못 이해해도 아이가 애태우는 것을 나는 본 적이 없다. 헬렌이 적는 단어를 전혀 이해하지 못하는 친구들과도 몇 시간씩 놀려고 하며, 생각이나 감정을 표현하려고 열성적으로 최선을 다하는 아이의 몸짓 손짓을 옆에서 보면 비통하기까지 하다. 때때로 어떤 아이는 지문자를 외우려고 시도하는데, 이때 어린 친구의 운지법을 고쳐주려는 헬렌의 참을성과 상냥함은 보는 이의 마음을 따스하게 한다.

어느 날 헬렌이 매우 자랑스럽게 여기는 재킷을 입으려고 할 때, 어머니가 "따뜻한 외투가 없는 불쌍한 아이가 있어. 네 옷을 줄래?" 라고 말하자, 헬렌은 '불쌍한 소녀에게 이 옷을 줄게'라고 말하며 재킷을 벗기 시작했다.

헬렌은 자기보다 어린 아이를 매우 좋아한다. 그래서 아기는 헬렌의 모성 본능을 항상 불러일으킨다. 헬렌은 가장 신중한 간호사가 바라는 상냥함으로 아기를 대한다. 어린아이를 위한 깊은 배려심이나 아이들의 변덕에 항상 응하려고 하는 것도 기록해둔다.

헬렌은 매우 사교적인 성격이라서 자기 손가락의 빠른 움직임을 따라갈 수 있는 사람들과 같이 있는 것을 기뻐한다. 그러나 혼자인 경우에도 때때로 몇 시간씩 뜨개질이나 재봉을 하며 스스로 즐긴다.

헬렌은 또 많은 책을 읽는다. 강렬한 흥미를 띤 눈길로 책 위에 몸을 웅크린다. 왼손의 검지가 행을 따라 달릴 때 오른손으로는 그 단어를 적어나간다. 그러나 가끔은 아이의 빠르게 변화하는 손 움직임에 익숙한 사람도 알아보지 못할 정도로 빠르게 움직일 때도 있다.

감정의 모든 음영(陰影)은 아이의 움직임 있는 표정을 통해 표현된다. 아이의 행동은 알기 쉽고 자연스러우며, 또한 솔직함과 명백한 성실함 때문에 매력적이다. 아이의 마음은 무욕과 애정이 넘치고, 한 조각의 두려움이나 불친절도 없다. 아이는 친절한 마음이나 상냥함이 없는 사람이 있음을 이해하지 못한다. 아이는 어색해해야 할 필요를 느끼지 못하며, 그렇기 때문에 아이의 움직임은 자유롭고 우아하고 아름답다.

헬렌은 집에 있는 생물을 모두 좋아하고, 거칠게 다루지 않는다. 마차에 타고 있을 때도 마부가 채찍을 사용하는 것을 허락하려 하지 않는다. 왜냐하면 아이는 '말이 울고 있어서 불쌍해'라고 말하기 때문이다. 어느 날 아침, 아이는 강아지가 목줄로 나무에 묶여 있는 것을 보고 몹시 마음 아파했다. 우리는 펄이 도망가지 않도록 하기 위해서라고 설명했다. 커다란 동정심을 느낀 헬렌은 그날 하루 종일 기회 있을 때마다 펄을 찾아가 그 무거운 나무를 여기저기로 옮겨주었다.

작년 여름, 아버지가 헬렌에게 작은 새나 벌 들이 포도를 먹고 있다고 적어주었다. 처음에 아이는 크게 화를 내면서 그 작은 생물들이 '매우 나쁘다'라고 말했다. 하지만 내가 작은 새나 벌 들은 배가 고픈 데다가 과일을 다 먹어치우는 것이 이기적이라는 걸 전혀 모르고 있다고 설명해주자 아이는 납득한 것 같았다. 바로 후에 적은 편지에서 아이는 다음과 같이 말하고 있다.

「나는 호박벌이나 말벌이나 작은 새나 큰 파리나 벌레가 아버지의 맛있는 포도를 모두 먹어버리는 것을 슬프게 생각합니다. 그들은 사람과 마찬가지로 즙이 많은 과일을 좋아하고 또 배가 고픈 상태죠. 그들은 아무것도 모르기 때문에 포도를 많이 먹어도 큰 잘못은 아닙니다.」

아이는 경험을 쌓을수록 언어 습득에서 눈부신 진보를 해나가고 있다. 경험이 적은 초보 단계에서 아이의 어휘는 당연히 한정된 것이었다. 그러나 주변 세계를 더 많이 배움에 따라 아이의 판단력은 보다 정확해졌고, 추리력도 더 강하고 활발하고 치밀해져서, 아이가 지적 활동을 표현하는 말은 유창하고 논리 정연해졌다.

여행할 때 아이는 사상과 언어를 흡수했다. 차 안에서 나는 아이 곁에 앉아서 창밖에 보이는 것, 예를 들면 언덕, 계곡, 강, 목화밭이나 딸기, 복숭아, 배, 멜론, 채소가 있는 정원, 넓은 목초지에서 방목되는 소나 말의 떼, 그리고 언덕 기슭에 있는 양 떼, 교회나 학교가 있는 마을, 호텔이나 큰 상점, 또 바삐 보이는 사람들의 일 등을 묘사했다. 내가 이러한 것들을 전달하는 동안 헬렌은 강한 흥미를 보였다. 그리고 적절한 표현을 찾을 수 없을 때는 몸짓과 손짓으로 더 많은 주변 것들을, 그리고 어디에나 작용하는 위대한 힘을 알고 싶다고 말했다. 이런 식으로 아이는 수많은 새로운 표현을 일부러 노력하지 않고 배웠다.

헬렌이 모든 것은 다 이름을 갖고 있으며 그 이름을 손가락의 움직임으로 전달할 수 있음을 처음 깨달은 날부터, 나는 만약 아이의 귀가 들린다면 그렇게 했을 것이라 생각할 만큼 정확하게 이야기했다. 단 한 가지 다른 점은 나는 말을 아이의 귀 대신 손바닥에 전달하고 있다는 것이다. 당연히 처음에 아이는 문장 안의 중요한 단어만을 사용하는 경향이 강했다. 아이는 '헬렌·우유'라고 말한다. 나는 아이가 올바른 단어를 사용한 것을 보여주기 위해 우유를 가져왔다. 그러나 내게 도움을 받으면서 '헬렌에게 우유를 주세요'와 같은 완전한 문장을 만들 때까지 아이에게 우유를 마시게 하지 않았다.

이 초기 수업에서 나는 하나의 생각을 전달하는 몇 가지 다른 표현을 사용해서 아이를 격려했다. 아이가 사탕을 먹고 있을 때, 나는 '선생님에게도 사탕을 주세요(Will Helen please give teacher some candy?)'라고 쓰거나, 또는 '선생님은 헬렌의 사탕이 먹고 싶어 (Teacher would like to eat some of Helen's candy)'라고 의('s)를 강조해서 말했다. 아이는 즉각 동일한 생각이 여러 가지 방법으로 표현되는 것을 이해했다. 내가 가르치기 시작하고 2, 3개월 후에 아이는 '헬렌은 잠자고 싶어(Helen wants to go to bed)', 또는 '헬렌은 졸려, 그래서 자러 갈래(Helen is sleepy, and Helen will go to bed)'라고 말하게 되었다.

나는 항상 "지적인 말이나 도덕적인 말의 의미를 헬렌에게 어떻게 가르쳤습니까?"라는 질문을 받았다. 나는 설명보다 연상이나 반복에 의해 가르칠 수 있다고 믿는다. 특히 아이의 언어 지식이 적어서 설명이 불가능했던 초기 수업에서는 더욱 그렇다.

감정이나 지적 내용, 도덕적 내용 및 행동을 나타내는 단어는 항상 그 말을 요구할 만한 상황과 연결해서 사용하는 연습을 했다. 내가 아이의 선생이 되고 얼마 지나지 않았을 때 헬렌은 매우 마음에 들어 하던 인형을 망가뜨렸다. 아이는 울기 시작했다. 나는 아이에게 '선생님은 슬프다'라고 말했다. 두세 번 반복하자 아이는 그 말을 감정과 연결할 수 있었다.

'행복하다'와 같은 단어도 아이는 같은 방식으로 배웠다. 게다가 '옳다 · 그르다 · 좋다 · 나쁘다'나 그 외의 형용사도 마찬가지다. '사랑한다'라는 단어는 다른 아이들처럼 포옹과 관련해서 배웠다.

어느 날 나는 아이가 알고 있을 거라고 확신한 숫자를 조합해서 간단한 질문을 했다. 아이는 엉터리로 대답했다. 나는 다시 확인해보았다. 아이는 생각하려는 표정을 얼굴에 솔직하게 나타내면서 말없이 서 있었다. 나는 아이의 이마에 손을 대고 't-h-i-n-k 생각하다'라고 적었다. 이처럼 행동으로 연결된 이 단어는 어떤 물건 위에 손을 놓고 그 이름을 적은 것과 같은 인상을 준 듯했다. 그 후로 헬렌은 '생각한다'라는 단어를 사용하게 되었다.

나중에 나는 '아마·상상하다·기대한다·잊다·기억하다'라는 단어를 사용하기 시작했다. 만약 헬렌이 '어머니는 지금 어디에 있어?'라고 물으면, 나는 '모르겠어, 아마 레일라와 함께 있겠지'라고 대답했다.

헬렌은 언제나 철도마차[4]나 그 밖의 장소에서 만난 사람의 이름이나 그가 어딜 가려는지, 또 무엇을 하려는지 알고 싶어 했다. 다음과 같은 대화는 자주 있었다.

헬렌 : 이 남자아이는 이름이 뭐야?

선생님 : 몰라. 모르는 사람이거든. 하지만 아마(perhaps) 잭일 거야.

헬렌 : 그는 어디에 가는 거야?

선생님 : 다른 남자아이와 광장으로 놀러 가는 것인지도 몰라(may).

헬렌 : 뭘 하고 놀아?

---

4 말이 끄는 노면 궤도 차.

선생님 : 야구를 할 거라고 생각해(suppose).

헬렌 : 남자아이들은 지금 무엇을 하고 있어?

선생님 : 아마(perhaps) 잭이 오기를 기대하며 기다리고 있겠지.

단어에 익숙해지면 아이는 그 단어들을 작문에 사용한다.

1888년 9월 26일

"오늘 아침, 선생님과 저는 창가에 앉아서 어린 남자아이가 보도를 걷는 광경을 보았어요. 비가 매우 심하게 쏟아졌기 때문에 남자아이는 비를 맞지 않으려고 아주 큰 우산을 쓰고 있었죠.

저는 남자아이가 몇 살인지 모르지만 6살쯤 되었다고 생각해요. 아마 남자아이의 이름은 조일 거예요. 제가 모르는 어린아이이기 때문에 어디로 가고 있는지도 모르죠. 하지만 아마 엄마가 저녁 음식 재료를 사 오라고 심부름을 시켰겠죠. 남자아이는 한 손에 봉지를 들고 있었으니까요. 어머니께 그것을 갖다 드리러 가는 길이라고 생각해요."

아이에게 언어 사용법을 가르쳐줄 때 저는 특정 이론이나 방식에 얽매이지 않도록 했습니다. 저는 내 제자의 자발적인 마음의 움직임을 관찰하고, 거기에서 얻을 수 있는 힌트에 따르려고 해왔어요.

헬렌은 신경이 예민하기 때문에 그렇지 않아도 활발해진 아이의 뇌를 필요 이상으로 자극하지 않도록 모든 주의를 기울였습니다. 이번 1년의 대부분은 여러 지역을 여행하며 보냈고,

수업은 방문지에서 겪는 수많은 정경과 경험을 통해 진행되었죠. 아이는 배움에 대해서는 처음과 변함 없는 열망을 보였어요. 아이를 공부하라고 재촉할 필요는 전혀 없었죠. 그렇기는커녕 아이를 예제나 작문에서 떼어놓기 위해 가끔 달래기까지 했습니다.

저는 특정한 교육 방식에 얽매이지 않으려 했고, 아이에게 일반적인 정보나 지식을 주면서 주위의 사물에 익숙해지도록 격려하고 사람들과 편하고 자연스러운 관계를 맺을 수 있도록 노력했어요. 저는 아이에게 일기를 쓰라고 권했죠. 다음은 그 중에서 뽑은 것입니다.

「헬렌의 일기」

1888년 3월 22일

「애너그너스 선생님이 목요일에 날 만나러 왔습니다. 난 기뻐하면서 애너그너스 선생님에게 안겨 키스를 했죠. 선생님은 눈이 불편한 어린 여자아이 60명과 눈이 불편한 어린 남자아이 70명을 돌보고 있어요. 저는 그 애들이 좋습니다. 눈이 불편한 여자아이가 저에게 예쁜 반짇고리를 선물해주었어요. 저는 반짇고리 안에서 가위와 실, 바늘이 많이 들어 있는 바늘겨레, 코바늘 뜨개질을 할 때 쓰는 코바늘, 바늘 연마기, 골무, 상자, 줄자, 단추, 핀겨레를 발견했습니다. 저는 눈이 불편한 여자아이들에게 감사의 마음을 전할 편지를 쓸 생각이에요. 저는 낸시와 아드린느와 앨리를 위해 예쁜 옷을 만들고 있죠. 저는 5월에 신시내티로 가서 인형을 하나 더 살 거예요. 그렇게 되면 저는 네 명의 인형을 갖게 되죠. 새로운 인형의 이름은 해리예요. 윌슨 씨와 미첼 씨가 일요일에 우리를 만나러 왔습니다. 애너그너스 선생님은 눈이 불편한 어린아이들을 만나기 위해 월요일에 루이스빌로 갔어요. 엄마는 헌츠빌에 갔고요. 저는 아빠와 잤습니다. 그리고 밀드레드는 선생님과 잤어요. 저는 평온함에 대해 배웠습니다. 그것은 조용하고 행복하다는 뜻이죠. 몰리 아저씨는 저에게 멋진 이야기를 선물해주었습니다. 저는 작은 새에 대해 읽었어요. 메추라기는 15개나 20개의 알을 낳고 그 알들은 흰색이죠. 메추라기는 땅 위에 둥지를 틉니다. 푸른 울새는 구멍이 나 있는 나무에 둥지를 틀고, 그 알은 파란색이에요. 저는 봄에 관한 노래를 배웠죠. 3월, 4월, 5월은 봄이에요.

지금 눈이 녹는다,

따뜻한 바람은 불고

물은 흐르고

귀여운 울새는

봄이 오는 걸 전하기 위해

이곳에 왔습니다.

제임스가 아침 식사로 도요새를 죽였습니다. 도요새의 새끼들은 심한 감기에 걸려 죽었죠. 저는 슬픕니다. 선생님과 저는 테네시 강으로 보트를 타러 갔어요. 저는 윌슨 씨와 제임스가 보트의 노를 젓는 걸 보았죠. 보트는 빠르게 미끄러졌고, 저는 물속에 손을 넣어 물이 흐르는 걸 느꼈어요.

저는 낚싯바늘과 낚싯줄과 낚싯대로 물고기를 잡았습니다. 우리는 높은 언덕에 올라갔어요. 그리고 선생님은 넘어져서 머리를 다쳤죠. 저는 저녁 식사로 정말 조그만 생선을 먹었어요. 저는 소와 송아지에 대해 읽었습니다. 소는 여자아이가 빵과 버터와 우유를 좋아하는 것처럼 풀을 좋아해요. 작은 송아지는 벌판을 달리거나 뜁니다. 송아지는 뛰어오르며 노는 것을 좋아해요. 왜냐하면 태양이 빛나고 따뜻하면 송아지가 기뻐하기 때문이죠. 남자아이는 자신의 송아지를 좋아했어요. 그래서 남자아이는 "난 너에게 키스할 거야, 송아지야"라고 말했습니다. 그러고는 송아지의 목에 팔을 감아 키스했죠. 송아지는 길고 까칠까칠한 혀로 남자아이의 얼굴을 부드럽게 핥았습니다. 키스를 많이 하려고 송아지가 크게 입을 벌리면 안 돼요. 저는 피곤합니다. 그러자 선생님은 더 이상 쓰지 않는 게 좋겠다고 말합니다.」

가을에 헬렌은 서커스를 보러 갔습니다. 사자가 으르렁거리는 우리 앞에 서 있노라면, 헬렌은 공기의 진동을 명백히 느끼면서 그 으르렁거리는 소리를 아주 정확하게 재생할 수 있었죠.

저는 헬렌에게 낙타의 모습을 들려주려고 했어요. 하지만 낙타를 만지는 것이 허락되지 않았기 때문에 전 헬렌이 낙타의 모습을 제대로 이해하지 못했을 거라 생각했죠. 그런데 2, 3일 후 교실이 어수선해서 가보니, 헬렌이 베개 가운데를 묶어 두 개의 혹을 만들고는 등에 메고 납작 엎드려 있었어요. 그러고는 혹 사이에 인형을 태워 온 방 안을 기어 다녔습니다. 저는 잠시 제가 알려준 낙타의 걸음걸이를 구현하기 위해 아이가 성큼성큼 기는 모습을 보고 있었어요. 무엇을 하느냐고 물어보니 아이는 이렇게 대답했습니다.

'나는 재미있는 낙타예요.'

– 다음 2년간은 애너그너스 씨(1년 정도 유럽에 거주)도, 설리번 여사도 헬렌 켈러에 대해 공표할 만한 어떤 것을 쓰지 않았다. 1892년 헬렌 켈러의 기사가 가득 담긴 퍼킨스 시각장애아 학교의 1891년 보고서가 출판되었다. 보고서 안에는 다수의 편지나 연습 문제나 작문이 포함되어 있다. 편지 몇 통과 「프로스트 왕」 이야기가 여기서 간행되었기 때문에 3, 4, 5년째 교육 기간 동안 헬렌 켈러가 쓴 글의 샘플을 더 이상 인쇄할 필요는 없을 것이다. 중요한 것은 처음 2년간이다. 이 보고서에 실린 설리번 여사 파트에서 나는 그녀의 가장 중요한 논평과, 지금까지 어디에도 쓰이지 않았던 그녀의 전기적 내용들을 이야기하기로 했다. 다음에 발췌한 글은 애너그너스 씨가 설리번 여사의 노트와 메모에서 뽑은 것이다.

설리번 여사의 노트와 메모에서 발췌

어느 날 자신의 망아지와 당나귀가 나란히 서 있을 때 헬렌은 한쪽에서 다른 쪽으로 걸어가서 자세히 살폈다. 마침내 헬렌은 네디의 머리에 손을 얹고 멈춰 서서 네디를 향해 이렇게 말했다.

'그래, 네디, 넌 '블랙 뷰티'처럼 예쁘진 않아. 네 몸은 그다지 훌륭하지 않고, 자랑할 만한 얼굴도 아니고, 목도 활 모양이 아냐. 게다가 기다란 귀 때문에 넌 우습게 보여. 물론 네가 어쩔 수 없는 것이지. 하지만 난 네가 세상에서 가장 아름답다고 할 정도로 널 좋아해.'

헬렌은 『블랙 뷰티(Black Beauty)』라는 이야기에 굉장한 관심을 보였다. 헬렌이 얼마나 빨리 그 내용을 느끼고 상상했는지를 보여주기 위해, 그 책을 읽은 사람이라면 누구나 알 만한 예를 들어보겠다. 나는 다음 구절을 읽어주었다.

「그 말은 노쇠했고 초라해진 밤색 털로 덮였는데 등뼈가 환히 보일 정도였습니다. 마치 손질이 되지 않은 코트를 입고 있는 듯했죠. 무릎은 불쑥 튀어나오고 앞발은 뒤뚱거렸어요. 나는 풀을 먹고 있었죠. 그런데 바람이 풀 한 뭉치를 말이 있는 방향으로 굴러가게 했어요. 이 불쌍한 동물은 길고 가는 목을 빼고서 풀 뭉치를 집어 올리고는 더 없는지 주위를 둘러보았습니다. 흐리멍덩한 눈은 내가 금방 알 수 있는 희망 잃은 눈빛을 풍기고 있었죠. 내가 예전에 어디서 이 말을 보았는지 떠올리는 사이 말은 나를 지그시 바라보면서 "블랙 뷰티'가 너니?'라고 말했습니다.」

이때 헬렌이 그만하라고 내 손을 밀었다. 아이는 경련을 일으키듯이 울고 있었다. '불쌍한 진저', 아이가 처음에 할 수 있었던 말은 이것뿐이었다. 나중에 이 내용에 대해 이야기할 수 있게 되자 아이는 이렇게 말했다.

'불쌍한 진저, 이 낱말은 내 마음속에서 또렷한 그림이 되었어요. 나는 진저의 모습을 볼 수가 있었죠. 아름다움은 모두 사라지고, 아름다운 활 모양의 목은 축 처지고, 빛나던 눈은 활기를 잃고, 장난기 가득한 태도도 더 이상 없었어요. 어찌 이리 무서울 수 있나요! 나는 이때까지 사물에는 그런 변화가 있을 수 있다는 걸 미처 몰랐어요. 불쌍한 진저의 일생에 햇빛은 거의 비치지 않고 슬픔만이 그렇게 많았다니!'

그리고 잠깐 시간을 두었다가 아이는 슬프게 덧붙였다.

'몇몇 사람들의 일생도 진저와 같은 일생일까 두려워요.'

오늘 아침 헬렌이 브라이언트의 시 「오, 위대한 민족의 어머니여」를 처음 읽고 있을 때 내가 헬렌에게 말했다.

'시를 다 읽고 나면 어머니란 누구라고 생각하는지 내게 알려줘.'

'그대의 문에는 자유가 있고 안식이 있다'라는 행까지 왔을 때 헬렌이 외쳤다.

'미국을 뜻해요. 문은 뉴욕을 가리키고, 자유란 자유의 여신상을 말하는 거예요.'

같은 작가의 『전쟁터』라는 책을 헬렌이 다 읽었을 때 나는 어느 구절이 가장 아름다운지 물었다. 아이가 대답했다.

'이 구절이 제일 좋아요.

대지에 산산이 부서진 진리는 또다시 일어날 터이니

신의 영원한 세월은 그녀의 것이리라.

하지만 오류는 상처를 입고 고통에 몸부림치다가

숭배자에게 둘러싸여 죽으리라.'

헬렌은 금방 이야기 속의 사건에 빠져든다. 아이는 정의가 이기면 기뻐하고 미덕이 쇠퇴하면 슬퍼하며, 영웅적 행위가 이루어지면 얼굴을 찬미와 존경으로 빛낸다. 아이는 전투의 정신으로까지 빠져든다. 아이는 이렇게 말한다.

'나는 사람이 악과 폭군에게 맞서 싸우는 것은 옳다고 생각합니다.'

– 여기서부터 1891년 보고서에 실린 설리번 양의 기사가
시작된다.

설리번 여사의 보고서에서 발췌

과거 3년 동안 헬렌은 언어 습득에 급속한 발전을 이루어왔다. 헬렌
은 보통 아이보다 한 가지 장점을 가지고 있었다. 바로 아이의 주의를
공부에서 다른 것으로 돌릴 수 없다는 점이다.

하지만 이 장점에는 불리한 점도 포함되어 있다. 바로 정신이 과
도한 집중에 빠지게 된다는 위험이다. 이해할 수 없는 무언가가 있다
는 걸 깨달으면, 아이의 마음은 열병처럼 불안한 상태가 되기 마련이
다. 이해하지 못하는 무언가를 발견했을 때, 나는 아이가 스스로 수업
을 그만두려 하는 모습을 본 적이 없다. 산수 문제를 다음 날로 미루
자고 제안하면 아이는 이렇게 말한다.

'지금 하는 것이 내 머리를 더 똑똑하게 만들어준다고 생각해요.'

2, 3일 전, 우리는 관세에 대해 이야기하고 있었다. 헬렌은 무슨
이야기를 하는지 궁금해했지만, 나는 '아니, 넌 아직 이해할 수 없어'
라고 말했다. 아이는 잠깐 동안 가만히 있었지만 바로 활기차게 질문

158

했다.

'내가 이해할 수 없는지 어떻게 알아요? 나는 할 마음이 있어요! 선생님, 그리스 부모님들은 아이에게 특별히 주의를 기울여 좋은 말을 들려주었다는 걸 떠올려 봐요. 선 아이들이 그중 몇 가지는 이해할 수 있었으리라 생각해요.'

헬렌이 이해할 수 없는 것은 가르쳐주지 않는 것이 최선이라는 점을 나는 발견했다. 왜냐하면 헬렌이 흥분할 것이 거의 확실하기 때문이다.

얼마 전 나는 헬렌에게 나무 블록으로 탑 만드는 법을 가르쳐주려고 했다. 그러나 설계가 다소 복잡한 탓에 탑은 미세한 진동에도 무너져버렸다. 나는 귀찮은 나머지 헬렌이 도저히 완성할 수 없겠다 싶어서 내가 대신 지어주겠다고 말했다. 하지만 아이는 내 제안을 받아들이지 않았다. 아이는 스스로의 힘으로 탑을 쌓겠다고 결심한 상태였다. 탑이 무너질 때마다 나무 블록을 모아 처음부터 다시 쌓는 작업을 3시간 가까이 꿋꿋이 시도한 결과, 드디어 아이의 강한 인내심은 성공의 영광을 얻었다. 탑은 모든 부분에서 완벽하게 안정적으로 서 있었다.

1889년 10월까지 나는 헬렌을 정규 학습 과정에 넣지 않는 것이 최선이라고 생각했다. 처음 2년 동안 아이의 지적 생활은 낯선 나라에 있는 아이와 다름없어서 모든 것이 새롭고 복잡했다. 따라서 아이가 언어 지식을 획득할 때까지는 소정의 교육 과정을 받게 하기가 불가능했다.

게다가 최근 몇 년 동안 헬렌의 탐구욕은 더 커졌기 때문에, 수업이 끝날 때까지 헬렌 안에서 끊임없이 생겨나는 의문을 뒤로 미루기라도 했다면 헬렌의 언어 습득은 느려졌을 것이다. 만약 그런 일이 있다면 십중팔구 아이는 의문을 잊어버렸을 것이고, 아이가 진정으로 흥미를 느끼는 것들에 대해 설명할 좋은 기회를 잃게 되었을 것이다. 그러므로 계획한 수업과 관계가 있든 없든 간에 학생이 궁금해할 때는 무엇이든 가르쳐주는 것이 최선이라고 나는 생각했다. 아이의 질문은 그때 생각하던 주제에서 멀리 벗어나는 일도 자주 있었다.

1889년 10월부터 헬렌은 더 규칙적으로 공부하게 되어서 산수, 지리, 동물학, 식물학, 읽기가 포함되었다.

헬렌은 산수에도 주목할 만한 발전을 보였다. 곱셈, 덧셈, 뺄셈, 나눗셈의 과정을 쉽게 설명해서 연산을 이해한 것처럼 보였다. 아이는 콜번의 암산을 거의 끝내고 최근에는 가분수를 공부하고 있다. 문자로 쓴 산수도 잘 풀었다. 두뇌 회전이 상당히 빨라서 내가 예제를 들면 문제를 다 쓰기도 전에 정답을 맞혀버리는 일도 종종 있다. 아이는 문제에 대한 이해도가 높아서, 모르는 단어나 구절을 물어보는 일이 거의 없었다. 그런데 한번은 조금 까다로운 문제가 나왔다. 나는 잠깐 산책을 하면 이해할 수 있을 거라고 했지만, 아이는 단호하게 고개를 가로저으며, '적은 내가 도망쳤다고 생각할 거예요. 나는 그들을 이기기 위해 버텨야 해요'라고 말하고 문제를 푸는데 집중했다.

헬렌이 과거 2년 동안 보여준 지적 발전은 다른 무엇보다 언어를 자유롭게 다룰 수 있다는 것과 단어의 미묘한 뉘앙스 차이에 대해 알게 되었다는 것에서 확실히 나타난다.

헬렌이 새로운 단어를 배우지 않는 날은 단 하루도 없다. 또한 이 단어들은 단지 감각으로 파악할 수 있는 이름만이 아니다. 예컨대 어느 날 아이는 현상(phenomenon)·포함하다(comprise)·에너지(energy)·생식(reproduction)·비범한(extraordinary)·영원한(perpetual)·신비(mystery) 등과 같은 단어의 의미를 알고 싶어 했다. 이 중 몇 개는 단순한 것에서 시작해서 추상적 의미로 단계적으로 나아가고 있다. 신비라는 단어의 깊은 뜻을 아이에게 이해시키기는 지극히 어렵다고 생각했지만, 아이는 그 단어가 숨겨진 무언가를 의미한다는 것을 쉽게 이해했다. 그래서 앞으로 훨씬 더 발전한다면 더 단순한 의미를 이해한 지금처럼 더 깊은 의미도 쉽게 이해할 수 있을 것이다. 어떤 학과를 공부해도 처음에는 학생이 괄목할 만한 발전을 이룰 때까지는 충분히 이해할 수 없는 단어나 구절이 나오기 마련이다. 하지만 나는 학생에게 간단한 정의(定義)를 주고 진도를 나가는 것이 최선이라고 생각했다. 왜냐하면 이 정의가 애매모호하고 일시적이라 할지라도 서로 의미를 보완할 것이고, 그 결과 오늘은 막연할지라도 내일이면 명백해질 거라고 생각했기 때문이다.

나는 나의 학생을 자유롭고 활동적인 사람으로 간주했고 학생 스스로의 자발적 충동이 내 가장 확실한 안내역이라고 생각했다. 나는 눈이 보이고 귀가 들리는 아이에게 이야기하는 것과 똑같이 늘 헬렌에게 말했으며, 아울러 다른 사람에게도 내가 헬렌을 대하는 것과 똑같이 대할 것을 주장했다. 헬렌이 이런저런 단어를 이해할 수 있는지 질문을 받으면 나는 항상 대답했다.

"문장 속 단어 하나하나를 아이가 이해할 수 있는지 신경 쓸 필요는 없습니다. 아이는 그 새로운 단어의 의미를 지금까지 배운 다른 단어와 관련해서 추리할 거예요."

헬렌이 읽을 책을 고를 때 나는 아이의 귀와 입이 불편하고 눈이 보이지 않는 것은 고려하지 않았다. 헬렌은 늘 눈이 보이고 귀가 들리는 같은 또래 아이들이 읽고 즐기는 책을 읽었다. 물론 처음엔 읽기 편하고 내용이 재미있어야 했고, 영어 표현에도 순수함과 간결함이 필요했다.

나는 헬렌이 최초로 짧은 이야기를 읽으려 시도했을 때의 일을 확실히 기억한다. 아이는 점자를 배웠기 때문에 때때로 점자로 인쇄된 종잇조각으로 간단한 문장을 만들며 놀고 있었다. 그런데 이 문장들은 서로 아무 관련이 없는 것들이었다. 어느 날 아침, 우리는 쥐를 잡았다. 나는 아이의 흥미를 유발하려고, 살아 있는 쥐와 살아 있는 고양이로 짧은 이야기가 되도록 문장을 나열했다. 그것을 통해 아이에게 언어 사용법에 대한 새로운 생각을 줄 수 있으리라 생각했다. 그래서 나는 틀 안에 다음과 같은 문장을 넣어 헬렌에게 주었다.

「고양이가 상자 위에 있습니다. 쥐가 상자 안에 있습니다. 고양이는 쥐를 볼 수 있습니다. 고양이는 쥐를 먹는 걸 좋아합니다. 고양이가 쥐를 잡을 수 없게 합시다. 고양이는 우유를 마시고, 쥐는 케이크를 먹을 수 있습니다.」

아이는 the라는 단어를 몰랐기 때문에 역시나 설명해달라고 했다. 이 단계에서는 아이에게 그 단어의 사용법을 설명하기가 불가능했기 때문에, 설명하지 않고 아이의 손가락을 다음 단어로 옮기자 아이는 즉시 알아차리고는 밝은 미소를 지었다. 그런 다음 상자 위에 앉아 있는 고양이에게 아이의 손을 얹자, 아이는 깜짝 놀라 외치면서 문장의 나머지 부분을 완벽하게 이해했다. 두 번째 문장을 읽으면서 나는 아이에게 상자 안에 실제로 쥐가 있음을 보여주었다. 아이는 강한 흥미를 보이면서 다음 행으로 손가락을 움직였다. 「고양이는 쥐를 볼 수 있습니다.」 여기서 나는 실제로 고양이에게 쥐를 보여주고, 헬렌에게 고양이를 만지게 했다. 이 귀여운 소녀의 표정은 자신이 당황하고 있음을 나타내고 있었다. 다음 행에 주의를 기울이게 하자, 아이는 고양이(cat)와 먹다(eat)와 쥐(mouse) 세 단어밖에 모르는데도 불구하고 의미를 파악했다. 아이는 고양이를 밀어내서 바닥에 내려놓고 동시에 상자를 틀로 덮었다. 아이가 「고양이가 쥐를 잡을 수 없게 합시다」를 읽었을 때, 아이는 문장의 부정을 알아채서 고양이가 쥐를 잡지 말아야 한다는 걸 이해한 듯 보였다. 잡다(get)와 하다(let)는 새로운 단어다. 헬렌은 마지막 문장의 단어는 알고 있었기 때문에 기꺼이 고양이와 쥐가 각각 우유를 마시고 케이크를 먹게 했다.

아이는 다른 이야기를 더 해달라고 몸짓으로 나타냈다. 그래서 나는 아이에게 아주 초보적인 문체로 쓰인 짧은 이야기가 담긴 책을 주었다. 아이는 행을 따라 손가락을 움직이면서 아는 단어를 발견하거나 모르는 단어의 의미를 유추했다. 그 모습은 어떤 보수적인 교육자라도 시각장애인 어린이에게 기회만 주어진다면 보통 아이들과 똑같이 쉽고, 게다가 자연스럽게 읽는 법을 배울 수 있다는 걸 확신시킬 만한 것이었다.

헬렌의 영어 사용 능력은 대부분 책을 가까이한 결과라고 나는 확신한다. 아이는 종종 2~3시간 동안 끊임없이 독서를 하다가 마지

못해 책을 놓곤 했다. 어느 날 우리가 도서관을 나올 때 나는 아이가
여느 때보다 심각한 표정을 지은 것을 보고 이유를 물었다.

'우리가 이곳을 떠날 때는 왔을 때보다 얼마나 더 똑똑해지는지
생각하고 있어요.'

이것이 대답이었다.

예전에 왜 책을 좋아하냐고 물었을 때 아이는 이렇게 대답한 적
이 있었다.

'책은 내가 볼 수 없는 재미있는 일들에 대해 가르쳐주고, 또 사람
들처럼 지루해하거나 불편해하는 일도 결코 없기 때문이에요. 내가
알고 싶은 것을 몇 번이든 가르쳐주기도 하고요.'

디킨스의 『어린이 영국사』를 읽다가 '아직 브리튼인의 정신은 꺾
이지 않았다'라는 문장을 만났다. 이게 무슨 뜻인지 아이에게 묻자
'로마인은 수많은 전쟁에서 승리했지만, 용감한 브리튼인은 로마인
이 수많은 전쟁에서 승리했다고 해서 용기를 잃지 않았을 뿐 아니라
로마인들을 몰아내길 원했다는 의미라고 생각해요'라고 대답했다.
이 문장 속의 단어를 정의한다는 것은 아이에겐 불가능한 일이었다.
그럼에도 불구하고 아이는 저자가 말하고자 하는 것을 파악해서 아
이 스스로의 언어로 말할 수 있었다. 다음 행은 더욱 관용구가 많은
부분이었다. 「수에토니우스가 떠났을 때 그들은 그의 군대를 습격해

서 앵글시 섬[5]을 다시 빼앗았다.」 이 문장에 대한 아이의 해석은 다음과 같다.

'이것은 로마의 장군이 돌아가자 브리튼인이 또다시 전투를 벌이기 시작했다는 뜻이에요. 로마 병사들은 지휘하는 장군이 없어졌기 때문에 브리튼인에게 패배해서 한번 점령했던 섬을 잃어버렸죠.'

아이는 손을 쓰는 작업보다 지적인 작업을 좋아했다. 그래서 자수는 눈이 보이지 않는 대부분의 아이만큼 좋아하지는 않았다. 하지만 아이들이 하는 것은 무엇이든 함께 하고 싶어 했다. 습자식 타자기의 사용법을 배워서 매우 정확하게 쳤지만, 속도는 그리 빠르지 않아서 한 달 남짓 연습했다.

2년여 전에 사촌이 아이의 손등에 손가락으로 점과 선을 그리며 전신(傳信) 알파벳[6]을 가르쳐주었다. 아이는 이 방식을 아는 사람을 만날 때마다 대화 속에 사용하는 걸 즐겼다. 헬렌과 나 사이에 거리가 있을 때 발로 바닥을 두드림으로써 아이와 이야기할 수 있어서 편리했다. 아이는 진동을 느끼는 것으로 상대가 무슨 말을 했는지

---

5 웨일스 북부에 위치한 전원풍의 섬

6 전신에서 문자, 숫자, 기호 등의 자호와 간격, 줄바꾸기, 복귀 등의 기능 제어를 표시하는 전신 부호표.

이해했다.

헬렌처럼 특별한 재능을 타고난 사람에게 모든 것을 전적으로 맞춰준다면, 하우이 박사가 그다지 철저히 연구하지 않았던 심리학적 문제에도 빛이 비칠 것으로 기대되었다. 하지만 이 기대는 실현되지 않았다. 헬렌도 로라 브릿지먼과 마찬가지로 실망을 피할 수 없었다. 아이를 사회의 한복판에 고립시킨 뒤 그가 접촉하고 있는 인간의 신념에 영향받지 못하게 하기란 불가능하다. 헬렌의 경우, 그러한 시도는 아이의 성격상 본질적으로 타인과 교섭할 기회를 빼앗지 않는 이상 달성할 수 없을 것이다.

아이의 재능이 급속하게 꽃피는 걸 보아온 사람은 아이의 탐구적 정신이 인생의 불가사의한 신비로 향하는 걸 잠시도 막을 수 없음을 확실히 알 수 있을 것이다. 그러나 누구에게나 곤혹스럽고 복잡한 문제를 숙고할 때 아이가 지나치게 빨리 생각하지 않도록 많은 주의를 기울였다. 아이들은 심원한 질문을 하지만, 쉬운 답을 받아들이는 법이다. 더 정확히 말하면 그런 대답으로 조용해진다.

'나는 어디에서 왔어?', '죽으면 나는 어디로 가?' 헬렌이 여덟 살 때 한 질문이다. 그 당시 아이가 이해할 수 있는 설명만으론 만족하지 않겠지만, 그러나 능력이 개발되어 다양한 책이나 매일의 경험에서 얻을 수 있는 무수한 인상이나 생각을 보편화할 수 있을 때까지는 아이를 얌전히 있게 할 수는 있었다. 아이의 정신은 늘 여러 가지 일들의 원인을 찾아다녔다.

다양한 현상을 관찰하는 범위가 넓어지고 어휘의 풍부함과 미묘함이 더해갈수록 아이는 자기 자신의 생각을 표현할 수 있게 되고 또 타인의 사상과 경험까지도 이해할 수 있게 되었다. 그리하여 인간을 창조한 힘을 생각하게 되고, 인간의 힘이 아닌 다른 무언가가 지구나 태양이나 아이가 잘 아는 수많은 자연물을 만들어냈다는 것을 느끼게 되었다.

마침내 어느 날 아이는 마음속에 예전부터 품고 있었던 존재, 그 힘의 이름을 물었다.

찰스 킹슬리의 『그리스 영웅들』을 통해 아이는 그리스 신이나 여신의 아름다운 이야기에 익숙해졌고, 이 책에서 신(God) · 하늘(heaven) · 영혼(soul) 등과 그 밖의 유사한 단어들을 알게 되었다.

아이는 이 단어들의 의미를 묻지 않았고, 이 단어들이 나왔을 때도 아무 말 하지 않았다. 그리고 1889년 1월까지는 아무도 아이에게 신에 대해 이야기하지 않았다.

당시 열성적인 기독교인 친척 하나가 아이에게 신에 대해 이야기하려고 했지만, 그 부인은 아이의 이해력에 맞는 말을 사용하지 않아서 거의 아무 인상도 주지 못했다. 나중에 내가 아이와 이야기했을 때 아이는 이렇게 말했다.

'선생님께 들려줄 재미있는 이야기가 있어요. A 씨는 하나님이 나나 다른 사람을 흙으로 만들었다고 했는데, 이 말은 농담이죠? 나는 살과 피와 뼈로 만들어진 거죠?'

아이는 진심으로 웃으면서 자신의 팔을 만족스럽게 살폈다. 그리고 이어서 말했다.

'A 씨는 하나님은 어디에나 존재하고 하나님 전체가 사랑이라고 하죠. 그런데 나는 사람은 사랑으로 만들 수 없다고 생각해요. 사랑은 우리 가슴속에만 있죠. 그리고 A 씨는 더 이상한 말도 했어요. 그(하나님을 말함)는 나의 아버지라고 했죠. 나는 크게 웃어버렸어요. 나의 아빠는 아서 켈러잖아요.'

나는 아이가 들은 이야기는 아직 아이가 이해하기 어렵다는 것을 설명했다. 그리고 아이가 더 똑똑해질 때까지는 그런 문제에 대해서는 이야기하지 않는 게 좋을 거라고 쉽게 납득시킬 수 있었다.

아이는 다양한 책을 읽다가 '어머니인 자연(Mother Nature)'이라는 표현을 접하게 되었다. 그 후로 오랫동안 초인적인 힘을 느낄 때마다 '어머니인 자연'이라고 쓰는 것이 습관이 되었다. 식물의 성장에 대해 이야기할 때 '어머니인 자연이 햇빛과 비를 내려주고 나무와 풀과 꽃을 성장시킨다'고 말했다. 내 노트에서 다음의 발췌는 이 시기 헬렌의 생각을 보여줄 것이다.

저녁 식사 후 헬렌이 진지한 표정을 짓고 있자, H 부인이 무슨 생각을 하는지 물었다. 아이가 대답했다.

'봄에는 어머니인 자연이 얼마나 바쁜지 생각하고 있었어요.' 다시 '왜 그럴지?'라고 물으면 '보살펴야 할 아이들이 많잖아요. 자연은 만물의 어머니예요. 꽃이나 나무나 바람 등등'이라고 대답한다. 내가 '어머니인 자연은 어떻게 꽃을 보살피니?'라고 물으면 '성장시키기 위해서 햇빛이나 비를 내려줘요'라고 답하고, 잠시 후에 '햇빛은 자연의 따뜻한 미소이고, 비는 자연의 눈물이라고 저는 생각해요'라고 덧붙였다.

나중에 헬렌은 말했다.

'어머니인 자연이 날 만들었는지는 모르겠어요. 엄마가 나를 하늘에서 데려왔다고 하는데 그곳이 어딘지 모르겠어요. 데이지나 팬지가 땅에 뿌려진 씨앗에서 자라는 것은 알고 있죠. 하지만 아이들이 땅에서 나오지 않는 건 분명해요. 아이가 태어나는 나무는 본 적이 없으니까요. 그런데 어머니인 자연은 누가 만들었을까요? 나는 아름다운 봄이 좋아요. 싹이 튼 나무나 봉오리를 벌린 꽃이나 부드러운 푸른 잎은 내 마음을 기쁨으로 가득 채워주죠. 나는 이제 정원을 보러 가야 해요. 데이지나 팬지는 내가 자신들을 잊어버렸다고 생각할 테니까.'

1890년 5월 이후, 나는 아이가 매일 접하는 사람이 지닌 종교적 신앙에서 아이를 멀리 떼어놓는 일은 불가능해졌다고 생각했다. 아이의 자연스러우면서도 빠른 지성의 성장에서 나오는 질문에 나는 거의 압도당할 뻔했다.

5월 초, 아이는 서판에 다음과 같은 질문을 줄줄이 적었다.

「나는 내가 잘 모르는 것에 대해 쓰고자 합니다. 지구와 바다, 그 밖의 모든 것은 누가 만들었나요? 무엇이 태양을 뜨겁게 만들었나요? 엄마한테 오기 전에 나는 어디에 있었나요? 나는 땅에 뿌려진 씨앗에서 식물이 자라나는 것은 압니다. 하지만 사람이 그렇게 태어나지 않는다는 것도 분명합니다. 나는 아이가 태어나는 나무를 본 적이 없습니다. 작은 새나 병아리는 알에서 태어납니다. 그것은 본 적이 있습니다. 알은 알이기 전에는 무엇이었을까요? 지구는 굉장히 크고 무거운데 왜 떨어지지 않는 걸까요? 아버지와 같은 이 대자연이 하는 일을 가르쳐주세요. 성경이라 불리는 책을 읽어도 되나요? 선생님에게 시간이 있다면 어린 학생을 위해 많은 것을 이야기해주세요.」

이 질문을 읽은 후엔 어느 누구든, 이런 질문을 할 수 있는 어린이라면 적어도 질문에 대한 초보적인 답을 이해할 수 있음을 의심하지 않을 것이다. 아이는 물론 이 질문에 완벽하게 답하려면 아무래도 포함할 수밖에 없는 추상적인 것까지는 이해할 수 없다. 그러나 인간의 일생은 그런 생각의 의미나 시점의 이해를 끊임없이 발전시키는 것 외엔 그 무엇도 아닌 것이다.

헬렌의 교육을 통해 나는 아이가 알고 싶다고 생각하는 것은 무엇이든 이해할 수 있다고 내내 가정해왔다. 질문이 나타내는 지적 과정이 헬렌의 마음에 없었다면, 그 어떤 설명도 아이는 이해할 수 없을 것이다. 초인적 창조력의 필연성을 지각하는 정신적 발전과 활동이 없다면 자연 현상의 그 어떤 설명도 불가능할 것이다.

아이의 마음속에서 천천히 자라난 관념을 정리할 수 있게 되면, 이 관념들은 아이의 모든 사고를 갑자기 흡수하는 듯했다. 그 결과 아이는 모든 것을 설명해주길 자꾸만 원했다. 질문을 적고서 얼마 후 커다란 지구본 앞을 지나치다가 아이는 그 앞에 멈춰 서서 물었다. '진정한(real) 세계는 누가 만들었어?'

그래서 나는 이렇게 대답했다.

'지구나 태양이나 우리가 별이라 부르는 모든 것이 어디서 왔는지는 아무도 모른단다. 하지만 수많은 현인들이 그 기원을 찾아서 자연의 신비로운 힘을 설명하려고 시도해왔지.'

그리스인은 태양이나 번개나 그 밖의 수많은 자연의 힘이 독립된 초인적 힘이라 믿었기 때문에 다양한 힘을 가진 수많은 신이 존재한다고 생각한 것을 아이는 알고 있었다. 그러나 많은 사색과 연구의 결과 이 모든 힘[force]은 하나의 파워(power)의 현상이고, 이 파워에 인간은 신이라는 이름을 붙였다는 것을 아이에게 이야기했다.

아이는 열심히 생각하면서 몇 분 동안 가만히 있었다. 그리고 물었다.

'누가 신을 만들었어?'

나는 아이의 질문을 얼버무려 넘길 수밖에 없었다. 왜냐하면 스스로 존재하는 자의 신비를 아이에게 설명할 수 없었기 때문이다. 사실 아이의 열성적인 질문 대부분은 나보다 현명한 사람도 고민케 했을 것이다. 여기 그런 질문 몇 가지가 있다.

'신은 무엇으로 새로운 세계를 만들었어요?'

'신은 흙과 물과 종자와 최초의 동물들을 어디서 구했나요?'

'신은 어디에 있나요?'

'선생님은 신을 본 적이 있나요?'

나는 신은 어디에나 존재하기 때문에 일개인이 아닌 만물의 생명, 마음, 영혼으로 생각해야 한다고 아이에게 가르쳐주었다. 그러자 아이가 나를 가로막으며 말했다.

'꼭 모든 것에 생명이 있다고는 할 수 없어요, 바위에는 생명이 없고, 따라서 생각할 수도 없어요.'

세상에서 가장 현명한 사람들이라 해도 알 수 없는 것이 무수히 많다는 사실을 아이가 떠올리게 할 필요가 종종 있었다.

　나는 헬렌에게 신념이나 교리를 가르칠 수 없었고 또 종교적 신앙을 강요하는 어떠한 노력도 하지 않았다. 내게는 신이라든지 영혼이라든지 불멸이라는 말에 숨어 있는 신비에 대해 설명할 자격이 없다는 것을 충분히 알고 있었기 때문에, 제자에 대한 의무감으로 영적 문제에 관해서는 가능한 한 거의 말하지 않았다. 필립스 브룩스 신부가 신의 부성(父性)에 대해 아름다운 방식으로 아이에게 설명해 주셨다.

　아이는 지금까지 성경을 읽는 것이 허용되지 않았다. 현 단계에서는 신의 특성에 대해 잘못된 개념으로 이해할 위험성이 있다고 생각했기 때문이다. 나는 이미 아이에게 예수의 아름답고 구원으로 가득한 일생과 잔혹한 죽음에 대해 쉬운 언어로 이야기했었다. 이 이야기를 처음 들었을 때 아이는 몹시 감동했다.

　아이와의 대화에서 다시 예수의 생애가 언급되자 아이는 이렇게 물었다.

　'왜 예수님은 적에게 들키지 않도록 도망치지 않았어요?'

　아이는 예수의 기적은 매우 이상하다고 생각했다. 예수가 그의 제자를 만나기 위해 물 위를 걸었다는 말을 들었을 때, 아이는 확고하게 '그건 걸었다는 의미가 아니라 헤엄을 쳤다는 뜻이에요'라고 말했다.

죽은 자를 되살려냈다는 말을 들었을 때는 '나는 죽은 사람에게 생명이 되돌아올 줄은 몰랐어요'라면서 굉장히 당황스러워했다.

어느 날 아이가 슬프게 말했다.

'나는 눈이 보이지 않고 말을 할 수 없어요. 그래서 신을 볼 수가 없습니다.'

나는 아이에게 눈에 보이지 않는다(invisible)라는 단어를 가르쳐주었다. 그리고 신은 영(靈)이기 때문에 우리 눈으로는 볼 수 없지만, 우리의 마음이 선과 상냥함으로 가득 채워지면 신을 닮아가기 때문에 그를 볼 수 있다고 이야기했다.

또 다른 어느 날 아이가 물었다.

'영혼이란 무엇이죠?'

내가 대답했다.

'영혼이 어떤 것인지는 아무도 몰라. 하지만 영혼은 육체가 아니면서 우리의 일부를 차지하고 있는 생각, 사랑, 희망 따위이고, 또 기독교인이 믿는 것처럼 육체가 죽은 뒤에도 살아 있는 것이라고 알고 있어.'

이어서 나는 아이에게 다시 질문했다.

'넌 네 영혼이 네 육체와는 별개라고 생각할 수 있니?'

'네, 할 수 있어요.' 아이가 대답했다. '왜냐하면 나는 조금 전에 애너그너스 선생님을 몹시 생각하고 있었으니까요. 내 마음은(여기서 말을 바꾸어서) 나의 영혼은 아테네에 있고 나의 몸은 이 공부방에 있으니까요.'

이때 아이의 마음에 불현듯 다른 생각이 떠올랐는지 덧붙여 말했다.

'하지만 애너그너스 선생님은 나의 영혼에 말을 걸어주지 않았어.'

나는 아이에게 영혼도 눈에 보이지 않는다는, 다시 말해서 명확한 형태를 갖추지 않는다는 걸 이야기했다.

'하지만 내가 영혼이 생각하는 것을 적는다면 그것은 볼 수가 있어요. 낱말들이 영혼의 육체인 거예요.' 아이가 말했다.

오래전에 아이는 내게 '전 1,600년 동안 살고 싶어요'라고 말했다. 천국이라 불리는 아름다운 나라에서 영원히 살고 싶다는 생각은 하지 않는지 물었을 때 아이의 첫 질문은 이렇다.

'천국은 어디에 있어요?'

나는 모른다고 고백할 수밖에 없었다. 그러면서도 수많은 별들 중 하나일지 모른다고 암시해두었다. 그러자 바로 아이는 '선생님이 먼저 가셔서 저에게 이야기해줄 수 없나요?'라고 말하고는 이어서 덧붙였다. '투스컴비아는 아주 아름다운 작은 마을입니다.'

아이가 이 주제에 관해 다시 언급한 것은 1년도 더 지났을 때였다. 이 주제로 되돌아온 아이는 더 많고 더 집요해진 질문을 던졌다. 아이가 물었다.

'천국은 어디에 있고 무엇을 닮았어요? 왜 우리는 외국을 아는 것처럼 천국을 알 수 없는 걸까요?'

나는 매우 쉬운 말로 천국이라 불리는 곳은 많지만 본질적으로 천국은 하나의 상태─ 마음의 염원을 충족하는 것, 원하는 것을 만족시키는 것 ─라고 이야기했다. 그리고 천국은 정의가 인지되고, 신앙이 있고 사랑이 있는 곳이라면 어디에나 존재한다고 말해주었다.

아이는 명백한 두려움을 갖고 죽음에 대한 생각에서 뒷걸음질 쳤다. 최근에 아이의 오빠가 죽인 사슴을 보고 매우 마음 아파하면서 슬프게 말했다.

'왜 모든 것은 죽어야만 할까요? 심지어 다리가 빠른 사슴까지.'

또 다른 날에는 이렇게 말했다.

'만약 우리가 죽지 않아도 된다면 훨씬 더 행복할 거라고 생각지 않아요?'

내가 대답했다.

'아니야. 만약 죽음이 없었다면 이 세상은 이내 살아 있는 생명체로 가득 차서 그 누구도 안락한 삶을 살 수가 없을 거야.'

'하지만' 헬렌은 바로 말했다, '하나님이 이것과 똑같은 세상을 더

만들면 되지 않을까요?'

친구들이 헬렌에게 저세상에서 기다리는 큰 행복에 대해 이야기하면, 아이는 즉시 '당신은 죽은 적이 없는데 어떻게 알 수 있죠?'라고 물었다.

아이가 때때로 상용어나 관용구에서 취하는 문자적 의미를 생각할 때, 우리는 그 의미를 아이가 올바르게 이해했는지 확인할 필요가 있다. 최근에 헝가리인은 타고난 음악가라는 이야기를 듣고서 아이는 깜짝 놀라면서 '그들은 태어나면서 노래를 불러요?'라고 물었다. 아이의 친구가 부다페스트에서 본 몇몇 학생은 머릿속에 100개 이상의 선율이 있다고 덧붙이자, 아이는 웃으면서 '그들 머릿속은 굉장히 시끌벅적하겠네요'라고 말했다. 아이는 우스꽝스러운 것을 재빨리 알아챘다. 그리고 고지식하게 은유적인 표현에 현혹되는 일 없이, 자기가 글자 그대로의 의미로 이해한 것을 재미있어하는 일이 종종 있었다.

영혼은 형태를 갖추지 않은 것이라고 배웠기 때문에 아이는 다윗의 「그는 나의 영혼을 이끌었다」라는 말에 매우 당혹스러워했다. 아이가 물었다.

'영혼에 다리가 달렸어요? 영혼은 걸을 수 있나요? 영혼은 눈이 보이지 않나요?'

아이의 마음속에서 '이끈다'는 말은 눈이 먼 것과 결부되어 있었기 때문이다.

헬렌을 곤란하게 하고 시달리게 한 문제 중에서도 악의 존재와 악이 초래하는 고통에 대한 지식만큼 아이를 괴롭힌 것이 없다. 오랫동안 아이에게 이 지식에 대해 이야기하지 않고 넘어갈 수 있었고, 그래서 아이가 악덕과 사악함에 접촉하지 않도록 막기가 비교적 쉬웠다. 악이 존재하고 악에서 비참한 일이 일어난다는 사실을, 아이는 주위에서 일어나는 악을 경험하고 악한 사람들을 더 명확히 이해하면서 조금씩 알기 시작했다. 법률과 처벌의 필요성을 아이에게 설명해야 했다. 아이의 마음속에 이미 존재하는 신의 개념과 현실 세계에 존재하는 악을 조화시키기가 매우 어렵다는 걸 아이는 발견했다.

어느 날 아이가 물었다.

'하나님은 항상 우리를 걱정하고 있어요?'

아이는 긍정적인 대답을 얻었다.

'그렇다면 하나님은 왜 오늘 아침에 동생을 떨어트려서 머리를 심하게 다치게 했나요?'

또 다른 날에는 신의 파워와 선(善)에 대해 질문했다. 예전에 몇 사람의 목숨을 빼앗아 간 무서운 바다 폭풍에 대한 이야기를 들었을 때도 이렇게 물었다.

'신이 무엇이든 할 수 있다면 어째서 그들을 구하지 않았죠?'

사랑하는 친구와 평온한 사람들에게 둘러싸인 채 헬렌은 지적 깨달음의 초기 단계부터 늘 변함없이 기꺼이 정의를 행해왔다. 아이는 정확한 본능으로 무엇이 정의인지 알았고 기꺼이 그 정의를 행했다. 아이는 단 하나의 나쁜 행위도 무해(無害)하다고 생각하지 않았고, 중요하지 않다고 생각하지 않았고, 고의적인 것이 아니라고 생각하지 않았다. 아이의 순수한 영혼에게는 모든 악이 동일하게 싫은 것이었다.

설리번 여사의 논문에서 인용

모든 사물에는 이름이 있다는 것을 파악하자마자, 헬렌이 이내 모국어(영어)라는 보물 창고의 연인이 되었다거나, 헬렌의 열렬한 찬미자 중 한 명이 말하듯이 '그녀의 지적 능력은 마치 제우스의 머리에서 나온 팔라스 아테네처럼 완전 무장한 채로 살아 있는 무덤에서 출현했다'라는 식으로 생각하지 않았으면 좋겠다. 아이가 스스로의 생각을 표현하려고 사용한 단어, 구절, 문장은 처음엔 모두 우리가 대화에서 사용한 것들의 재생이고, 아이는 무의식적으로 그것을 기억하고 있었던 것이다. 그리고 실제로 이런 일은 어떤 아이에게도 해당된다. 아이들의 언어는 아이들이 가정에서 들은 언어의 기억이다. 매일매일 생활 속에서 대화를 무수히 반복하다 보면 어느 단어나 구절이 아이들 기억 속에 인상으로 남게 되고, 아이들이 스스로 이야기할 때가 되면

이 기억들이 아이들이 말하고자 하는 단어를 보급하는 것이다. 마찬가지로 교육을 받은 사람의 언어는 책에서 얻은 언어의 기억이다.

언어는 생활 속에서 생장하고 필요와 갖가지 경험에서 늘어난다. 처음에 내 어린 학생의 마음은 완전히 텅 비어 있었다. 아이는 명확히 이해할 수 없는 세계에서 살고 있었다. 언어와 지식은 굳게 결부되어 있다. 이 둘은 서로 의존한다. 언어를 사용한 훌륭한 작업은 사물에 대한 진실한 지식을 전제로 하고 그것에 의존한다. 헬렌이 모든 사물에는 이름이 있다는 것을 알자마자, 그리고 지문자를 사용해서 이 이름들을 사람들끼리 서로 전달할 수 있다는 것을 알자마자, 나는 아이가 아주 기쁘게 철자를 배운 그 이름들의 대상에 대해 더 깊은 관심을 가지도록 계속 일깨웠다. 나는 결코 언어를 가르칠 목적으로 언어를 가르친 것이 아니다. 그러나 생각을 전달하는 매개체로 변함없이 언어를 사용한 것이다.

이처럼 언어의 학습은 지식의 획득과 일치한다. 언어를 지적으로 사용하려면 그것에 관해 이야기할 내용을 가져야만 하고, 그 이야기 내용은 바로 경험의 결과다. 아이가 사람에게 전달하고 싶다고 생각하는 것이 마음속에 명확히 있지 않다면, 또 우리가 타인의 마음속에 있는 것을 알고 싶다는 아이들의 욕구를 일깨우지 못했다면, 아무리 언어 훈련을 해도 아이들이 용이하게, 그리고 유창하게 언어를 사용할 수 있게 하는 것은 불가능할 것이다.

처음에 나는 나의 학생을 어떠한 방식에도 얽매지 않았다. 늘 무엇이 아이의 흥미를 가장 끌어당기는지 찾아내서 그것이 계획한 수업과 관계가 있든 없든 새로운 출발점으로 삼았다. 아이의 지적 삶에서 처음 2년간은 나는 아이에게 많이 쓰게 하지 않았다. 쓰기 위해서는 쓸 내용이 있어야 하고, 쓸 내용을 만들기 위해서는 정신적인 준비가 필요하다. 쓰는 것이 자연스럽고 유쾌한 일이 되기 위해서는 개념이 기억되고 지식에 의해 마음이 풍부해져야만 한다. 그런데도 어린이들이 너무나 자주 말하기도 전에 쓰기를 요구받는다고 나는 생각한다. 스스로를 억제하는 일 없이 생각하고 읽고 이야기하도록 가르쳐야 한다. 그러면 아이들은 쓰지 않을 수 없어서 자연스럽게 쓰게 될 것이다.

헬렌은 언어를 규칙과 정의(定義)에 대한 공부보다는 실전과 습관에서 터득했다. 영문 모를 수많은 분류나 술어, 품사 활용표를 따르는 문법은 아이의 교육에서는 전부 버려졌다. 아이는 언어를 살아 있는 언어 자체와의 접촉에서 배웠다. 아이는 언어를 매일의 대화와 책 안에서 다루었고, 그래서 정확하게 사용할 수 있을 때까지 다양한 방식으로 숙고하면서 익혀갔다. 입으로 말할 수 있었던 것보다 더 많은 것을 나는 손가락으로 이야기했다. 만약 아이의 눈이 보이고 귀가 들렸다면 오락이나 교훈을 나에게 의지할 일은 적었을 것이다.

　나는 우리가 올바르게 지도한다면 신속하게 발전할 수 있는 고귀한 능력이 모든 아이의 어딘가에 숨어 있다고 믿는다. 하지만 이른바 기초를 아이들에게 계속 퍼부으려 하는 한, 아이들의 보다 높은 천품은 결코 적절히 계발되지 못할 것이다. 수학은 아이들을 사랑스럽게 만들지는 못하며, 세계의 규모와 모양에 대한 정확한 지식은 세계의 아름다움을 감상하도록 돕지는 못한다. 우선 아이들이 자연 속에서 가장 큰 기쁨을 발견할 수 있도록 지도하자. 들에서 뛰어놀게 하고, 동물에 대해 가르쳐주고, 진실을 관찰하게 하자. 아이들은 올바른 조건 아래서 스스로를 교육하는 법이다. 아이들에겐 교수(敎授)보다는 지도와 배려가 더 많이 필요하다.

　나는 헬렌이 언어를 유창하게 구사하는 것은 아이가 얻은 대부분의 인상이 언어라는 매개체를 통해 얻을 수 있었기 때문이라고 생각한다. 어학에 대한 소질이나 그 아이의 특수한 환경에서 얻을 수 있는 이점은 차치하고라도, 나는 좋은 책과의 끊임없는 접촉이 아이의 교육에서 가장 중요했다고 생각한다. 누군가가 주장했듯이, 언어는 우리가 생활 속에서 경험한 것 이상을 표현할 수 없다는 말은 맞는 말일지도 모른다. 하지만 나는 아이들의 이해를 넘어선다고 생각할 만한 고상하고 시적인 표현에 아이들이 큰 기쁨을 나타내는 모습을 여러 번 본 적이 있다. 교사가 아이들에게 읽어주던 책을 덮으면서 '이 것이 너희들이 이해할 수 있는 전부야'라고 어린 학생들에게 말했다. 아이들은 설사 설명할 수 없더라도 마음으로 느낀 리듬이나 아름다 움에 기뻐하면서 '부디 나머지도 마저 읽어주세요. 우리가 이해할 수 없어도 상관없어요'라고 말한다. 아이가 책에서 이득을 얻고 즐기면 서 읽을 수 있기 전에 모든 단어를 알 필요는 없는 것이다. 실제로 정 말 중요한 단어만 설명하면 된다.

헬렌은 처음에 이해할 수 없었던 말은 삼켰다. 그리고 그 말이 필 요할 때까지, 즉 대화나 작문에 자연스럽고 쉽게 적용할 때까지 마음 속에 간직했다. 실제로 아이가 책을 지나치게 읽는다거나 독서의 즐 거움을 위해 독창적 힘이 많이 낭비되고 있다고 말하는 사람이 있다. 또 아이가 스스로 보고 말할 수 있지만 그것은 오직 타인의 눈을 통 해서만 사물을 보고 타인의 언어로만 말하는 거라고 하는 사람도 있 다. 하지만 나는 많은 독서를 통해 준비하지 않으면 독창적인 작문도 불가능하다고 확신한다. 헬렌에게는 언어 면에서 가장 최선이자 가장 순수한 모델이 늘 주어지고, 아이의 대화와 문장은 아이가 읽은 내용 의 무의식적인 재현이다.

나는 독서가 학교의 정규 학습과는 별도로 이루어져야 한다고 생 각한다. 아이들은 독서를 통해 순수한 기쁨을 얻어야 할 것이다. 아이는 책을 무의식적으로 수용해야 한다. 상상력의 위대한 활동은 한때 글을 쓴 사람에게 본질이었던 것처럼 자신의 삶의 일부가 되어야 한다. 문학의 심상이나 영상을 느끼는 마음이 감수성과 상상력을 더함으로써 더 아름다운 문장이 만들어지는 것은 분명하다.

헬렌은 감정의 생동감, 흥미의 신선함과 열성, 예술적 기질의 영적 통찰력을 갖추고서, 재능이 좀 더 적은 사람들보다는 훨씬 생기 있고 강렬한 기쁨을 인생 자체, 그리고 자연과 책과 사람들 안에서 찾아냈다. 헬렌의 마음은 위대한 시인의 아름다운 사상과 이상으로 가득 채워져 있었기 때문에 그 어떤 것도 헬렌에게는 진부하지는 않았다. 왜냐하면 헬렌의 상상력은 모든 생명을 풍부한 색채로 아름답게 물들였기 때문이다.

존 메이시의 메모 – 예전에 발표한 설리번 여사의 진술과 해설에 대해 수많은 토론이 이루어졌다. 청각장애인의 문제를 직접적으로 알지 못하는 사람들이 너무 많은 글을 올렸지만, 나는 여기에 더 이상 덧붙일 생각은 없다. 하지만 켈러 양의 교육은 언어 교육의 문제와 깊이 관련되기 때문에 특정 청각장애인에 한정된 것이 아니라 청각장애인 전체의 문제를 담고 있다. 교사는 자기 자신의 결론을 이끌어낼 수 있다. 교육자의 관점에서 켈러 양의 삶을 접할 수 없는 대다수의 독자를 위해 나는 설리번 여사의 방법을 몇 가지 원리로 요약하겠다.

설리번 여사는 하우이 박사가 그만둔 지점에서 시작했다. 하우이 박사는 학습용의 물리적 도구를 발명했지만, 언어는 기계적인 도구로 가르칠 수 있는 것이 아니다. 실험에 의해서, 또 다른 아이를 교육한 경험에 의해서 설리번 여사는 자연스럽게 언어를 가르치는 실전적인 방법을 찾았다. 이것이야말로 하우이 박사가 모색했지만 도달할 수 없었던 「자연스러운 방법」이다. 바로 청각장애인에게 단어를 하나하나 분리하고 정의해서 가르치는 것이 아니라, 설사 모르더라도 여러 번 반복해서 가르칠 필요가 있다는 것이다. 이것이 설리번 여사의 위대한 발명이다. 하루 종일, 쉬는 시간이나 수업 시간이나 설리번 여사는 학생의 손에 글씨를 끊임없이 적었다. 이렇게 해서 헬렌 켈러는 요람 안의 아이가 그 단어를 사용하기 전에 수천 번씩 들음으로써 단어를 흡수하는 것처럼, 또 단어를 그것이 발음되는 장면과 결부함으로써 단어를 흡수하는 것처럼 공부했다. 아이는 이렇게 해서 단어가 사물이나 행동, 감정의 이름이라는 것을 배운다. 이것이 바로 실제적 성과를 가져왔는데, 내가 아는 한 설리번 여사가 헬렌에게 시도할 때까지는 시청각장애인은 물론 청각장애인 교육에서도 어느 누구도 시도한 적이 없는 독자적 방법의 첫 번째 원리다. 또한 이 원리는 설리번 여사가 편지에 쓰기 전에는 명확하게 표현된 적이 없었다.

설리번 여사의 두 번째 원리(물론 이 순서는 임의로 정한 것이다)는 아이가 싫어하거나 지루해하면 이야기하지 않는다는 것이다. 예전에 설리번 여사가 최초로 방문한 학교에서는 교사가 칠판에 학생이 알고 싶어 하지 않는 단어를 쓰고 열심히 이야기하고 있었지만, 학생은 궁금한 것이 산더미처럼 많다는 것을 보여주면서 빈틈없는 호기심을 갖고 자신들을 방문한 사람을 둘러쌌다. 설리번 여사는 말한다. 왜 언어 수업을 아이들이 흥미를 느끼는 것에서 시작하지 않는가?

질문하는 아이의 입을 닫게 하지 않고 가능한 한 그 질문에 진실하게 대답한다. 이 원리는 아이들이 흥미를 갖는 것들에 대해 이야기한다는 생각과 유사하다. 설리번 여사는 '질문은 아이 마음의 문이다'라고 말했다. 설리번 여사는 아이의 지력에 맞추느라고 불필요하게 자신의 생각이나 표현을 축소하지는 않았다. 그녀는 헬렌에게는 지극히 자연스럽게 이야기하도록, 그리고 헬렌이 이해할 수 있는지 여부는 신경 쓰지 말고 완전한 문장과 지적 생각을 주도록 모든 사람에게 부탁했다.

이렇게 설리번 여사는 hat(모자), cup(컵), go(가다), sit(앉다) 등의 언어 단위를 초보적으로 정의한 후에 아이들이 배울 수 있도록 했는데, 우리 어른들의 언어 단위도 마찬가지로 문장이라는 것을 수많은 사람이 모르고 있음을 알았다. 우리는 문장 한 단어 한 단어를 이해하는 것이 아니라 전체적으로 이해한다. 생각을 전달하는 것은 무언가에 대해 이야기한 명제인 것이다. 올바른 하나의 단어는 생각을 시사하고 표현한다. 아이는 '엄마는 어디에 있어?'라는 뜻으로 단지 '엄마'라고만 말할 수도 있다. 그러나 완전한 문장을 들음으로써 아이는 엄마에 관해 말하는 방법을 배운다. 즉 언어를 배우는 것이다. 설리번 여사는 헬렌이 처음 손가락으로 적은 서툰 말에는 문법적인 완전함을 강요하지 않았지만, 헬렌의 '엄마, 우유'라는 문장을 반복할 때는 구문을 보강하고 아이의 생략법을 보충해서 '엄마가 헬렌에게 우유를 가져다줄 거야'라고 말했다.

이렇게 설리번 여사는 자연스러운 방법을 실행했다. 하지만 그 방법은 아주 단순하고 인공적인 것이 결여되어 있기 때문에 오히려 방법의 파괴처럼 보인다. 만약 설리번 여사가 다른 아이들에게 간 적이 없었다면 우리는 헬렌 켈러의 일을 들을 수 없었을 것이다. 그녀는 아이들을 관찰함으로써 자신의 학생을 가능한 한 보통 아이와 다르지 않게 다루는 법을 배운 것이다.

지문자가 헬렌 켈러의 손가락에 단어를 가르치는 유일한 방법은 아니었다. 지문자와 동등하게 중요한 책이 언어를 가르치는 수단으로서 부족한 점을 보충했다. 헬렌은 아직 읽지 못할 때부터 책 앞에 앉아서, 처음엔 줄거리가 아니라 자신이 아는 단어를 찾으려고 했다. 그리고 문맥 안에 내포된 새로운 단어의 정의가 헬렌의 어휘에 추가되었는데, 그 단어는 이미 알고 있는 단어와 관련해서 알게 된 것이다. 책은 언어의 저장고다. 그래서 청각장애인이든 아니든 모든 아이는 책의 활자에 어떤 식으로든 주의가 끌렸다면 반드시 배우는 법이다. 아이들은 이해한 것을 읽는 게 아니라 이해할 수 없던 단어를 읽고 그것을 외우면서 배운다. 그리고 헬렌 켈러처럼 일찍부터 책에 흥미를 보인 아이는 거의 없음에도 불구하고 특별히 교사가 설리번 여사처럼 현명하고 단어 게임을 할 줄 안다면, 모든 건강한 아이들의 자연스러운 호기심은 책의 활자로 향할 수도 있다. 헬렌 켈러는 언어에 대해 특별한 재능이 있다고 생각하는데, 이는 오히려 '생각하기'에 특별한 재능이 있음을 의미하며, 언어에 대한 헬렌의 흥미는 언어가 그녀의 생활 자체를 의미한다는 사실에서 기인한다. 헬렌에게 언어는 지리나 산수처럼 특정한 학과가 아니라 외부의 것들을 향한 창구였던 것이다.

14살 때 헬렌은 잠깐 동안이었지만 독일어 수업을 받았다. 그때 『빌헬름 텔』의 단어를 거듭 읽으면서 그 줄거리를 고심하며 파악했다. 문법은 전혀 몰랐지만 그것에 대해선 전혀 신경 쓰지 않았다. 헬렌은 언어를 언어 자체에서 배웠다. 이는 말해진 언어를 듣는 것에 맞추면서 외국어를 문법부터 시작하는 우리의 방법보다 훨씬 쉽고도 생기 있게 배울 수 있는 좋은 방법이다. 헬렌은 같은 방식으로 라틴어도 처음 라틴어 교사에게 받은 수업뿐 아니라 텍스트에 있는 단어를 여러 번 훑어보고 스스로 게임을 하면서 배웠다.

휴메이슨 스쿨의 선생님 중 한 명인 존 라이트 씨는 내게 보낸 편지에서 이렇게 말하고 있다.

"저는 헬렌이 한가할 때 자신이 좋아하는 방구석에서 시각장애인용 책받침대가 있는 의자에 앉아 몰리에르의 『마음이 내키지 않는 의사』의 행을 손가락으로 천천히 따라가다가 재미있는 장면이 나오면 혼자서 킥킥 웃는 모습을 자주 보았습니다. 당시 헬렌의 프랑스어 어휘는 한참 부족했지만, 그 아이는 우리가 우스개로 정신 작용(mental process)이라 부르는 판단력을 사용함으로써 단어의 의미를 추리해서, 마치 아이가 조각난 퍼즐을 짜 맞추듯 그 단어들의 의미를 연결했습니다. 그 결과 2, 3주 동안 저와 헬렌은 저녁 한때 즐거운 시간을 보냈는데, 그때 헬렌은 특히 유머나 반짝이는 재치에 진심으로 즐거워하면서 저에게 이야기 전체를 들려주었습니다. 그건 수업이 아니라 단지 헬렌의 레크리에이션 중 하나였던 것이죠."

언어에 대한 헬렌 켈러의 재능은 언어가 그녀에게 비범한 가치를 지니고 있기 때문에 언어로 향할 수밖에 없는 전체적인 정신적 재능이다.

헬렌 켈러의 성공이 타고난 능력에 의한 것인지, 아니면 그녀가 받은 교육 방법에 의한 것인지 여러 번 논의가 이루어졌다.

설리번 여사보다 열 배나 능력 있는 교사도 타고난 장애가 있는 아이를 헬렌 켈러처럼 훌륭한 학생으로 키우는 것은 명백히 불가능하다. 그러나 또한 헬렌 켈러의 능력이 열 배나 뛰어났다 해도 헬렌이 출발점부터, 그리고 출발점에서 좋은 교육을 받지 못했다면 오늘날의 헬렌처럼 성장하지 못할 수 있다는 것도 확실하다. 그리고 편지에 쓰여 있는 것처럼, 설리번 여사가 발견해서 실천에 옮겨 성공한 청각장애인을 위한 언어 교육법의 원리에 의해 헬렌 켈러가 언어를 배운 것도 사실이다. 그 방법은 건강하지만 귀가 들리지 않은 아이의 교육에 응용할 수 있고, 나아가 그 원리를 넓게 해석해서 모든 아이의 언어 교육에 응용할 수도 있다.

이 문제에 관한 수많은 논의는 우리를 헬렌 켈러의 타고난 능력인지, 교사의 완전한 방법인지 판단하기 힘든 딜레마로 몰고 간다. 아마 둘 다 맞는 말일 것이고, 바로 여기에 딜레마를 해소할 또 다른 진리가 있다. 설리번 여사는 비범한 능력의 소유자다. 어떤 사람도 그녀의 방법으로 그녀만큼 완벽히 성공할 수 없었을 것이다. 설리번 여사의 정력적이고 독창적인 정신은 학생에게 활력을 불어넣었다. 만약 헬렌 켈러가 언어는 좋아해도 수학에는 그다지 큰 흥미를 보이지 않았다면, 설리번 여사의 관심과 매우 흡사했을 것이다. 그리고 이것이 켈러 양이 교사에게 지나치게 의존한다는 것을 의미하지는 않는다. 헬렌이 여덟 살 무렵 누군가가 간섭하려고 하자 한참을 참착한 표정으로 앉아 있었는데, 무슨 일이냐고 물으니 '나는 나의 자주성을 주장할 작정이에요'라고 대답했다. 이처럼 적극적인 개성을 가진 사람은 설리번 여사와 같은 사람의 지도하에서도 자주성 없는 성장은 하지 않는 법이다.

하지만 설리번 여사는 '타고난 재능'에 의해 자신의 학생에게 분석이나 원리로 요약할 수 없는 수많은 일을 했다. 그녀는 아주 친밀한 우정 속에서 능력을 제한하기보다는 발전할 수 있는 영감을 주었다. 게다가 만약 켈러 양이 '사랑스러움과 선량함을 갖춘 드문 사람'이라면, 또 '모든 선(善)과 아름다움'에 대한 사랑을 갖추었다면, 그것은 그녀와 16년 동안 함께한 교사에 대한 무언가를 의미할 것이다.

설리번 여사는 다른 교사는 따라 할 수 없는 수많은 것을 켈러 양에게 시도했다. 또 한 명의 헬렌 켈러를 만들기 위해서는 또 한 명의 설리번 여사가 필요하다. 또 한 명의 귀와 입과 눈이 불편한 아이를 충분히 교육하기 위해서는 또 다른 교사가 필요한데, 그 교사는 외부에 흥밋거리가 많은 좋은 환경에서 생활하고, 학생에게서 떨어지지 않고, 자유롭게 행동할 수 있으며, 노고를 덜기 위해 설리번 여사가 찾아준 원리를 필요한 만큼 이용하고 필요시에는 수정해서 덧붙일 수 있어야 한다. 그리고 학생은 건강이 좋고, 태어나면서부터 활기차고, 무지로 돌아갈 위험이 있을 만큼 나이 들지 않아야 한다.

청각 장애나 시청각 장애를 가진 어떤 아이라도 건강하기만 하면 가르칠수 있다. 그것을 할 수 있는 사람은 부모님이나 특별한 교사지, 학교는 아니다. 이러한 생각은 청각장애인 학교의 당사자에게서 혹독한 비판을 받을 수도 있다는 걸 나는 안다. 분명히 청각장애인 학교는 나라가 아이를 교육하는 유일한 기관이다. 하지만 청각장애인에게 가르칠 필요가 있는 것은 다른 아이들이 학교에 가기 전에 배워야 할 사항들이라는 것도 명백하다. 설리번 여사가 뒤뜰에 가서 병아리를 끄집어내 헬렌에게 병아리에 관해 이야기했을 때, 그녀는 사방이 벽으로 둘러싸인 교실 안에서는 불가능한, 그리고 일대일이어야 가능한 교육을 했던 것이다.

하우이 박사가 '교사는 아이일 수 없다'라고 한 말은 틀렸다. 청각장애아의 교사도 아이를 뛰어다니며 놀게 해주고 또 유치한 것들에 흥미를 기울여야 할 때엔 아이가 되어야 한다.

헬렌 켈러만 염두에 두고 청각장애인의 교육 전반을 논의하는 것은 위험한 일이다. 그러나 내 의견에 권위가 있는 것이 아니고, 단지 권위자인 설리번 여사의 몇몇 중요한 아이디어를 문제로 다루면서 강조했을 뿐이기 때문에 그 위험을 특별히 회피하지 않았다. 헬렌 켈러의 성공으로 교사들이 아이들에게 너무 지나친 기대를 갖지 않을까 문제가 된다. 나는 교사나 친구들에게 억지로 이끌려서 빛나는 리포트의 소재가 된 아이들을 알고 있지만, 그 리포트는 슬프게도 진실이 아니다. 왜냐하면 아이들을 리포트에 기술된 과장된 내용으로 억지로 끌고 간 듯한 모습을 리포트의 배후에서 짐작할 수 있기 때문이다.

이제 헬렌 켈러를 오늘날의 모습으로 만든 몇 가지 요소를 정리해보고자 한다. 첫째, 헬렌은 19개월 동안은 눈이 보이고 귀가 들렸다. 이는 어느 정도 정신적 성장이 있었음을 의미한다. 몸과 마음의 강건함을 부모님에게서 물려

받았고, 언어를 배우기 이전에는 자신의 생각을 몸짓으로 표현했다. 켈러 부인은 병을 앓기 전 헬렌은 모든 일을 몸짓으로 나타냈다고 내게 편지를 썼는데, 그녀는 헬렌이 이 습관 때문에 말을 배우는 것이 늦어졌다고 생각했다. 병을 앓고 나서는 몸짓으로밖에 표현할 수 없었기 때문에 그 경향이 더욱 발달했다. 헬렌이 정보를 어디까지 감지할 수 있었는지는 모르겠지만 주변에서 일어나는 많은 것들을 알고 있었다. 헬렌은 자기 말고도 다른 사람이 입술을 사용하고 있다는 걸 알아챘다. 또 아버지가 신문 읽는 걸 '보고' 있었다. 그래서 아버지가 신문을 밑에 내려놓으면 헬렌은 아버지 의자에 앉아서 그 신문을 얼굴 앞에 펼쳤다. 헬렌의 초기 분노는 선천적인 성향의 불행한 표현인데, 교육이 그 분노를 훈련시켜 조직화된 능력으로 바꾼 것이다.

다음으로 설리번 여사는 헌신과 지성, 그리고 실험에 대해 두려워하지 않는 의지를 훌륭한 상대에게 준 것이다. 설리번 여사의 방법은 아주 탁월해서, 심지어 실제적인 결과가 없어도 누구나 그녀의 생각이 진실하다고 인정할 것이다. 게다가 설리번 여사는 개성이 뚜렷했다. 그리고 최초의 자연이라는 학교에서는 모든 조건이 좋았다. 그곳에서는 선생님과 학생이 함께 놀고 함께 탐구하고 스스로를 교육하면서 서로 떨어질 일이 없었다.

헬렌 켈러의 후기 교육은 이해하기 쉽다. 그래서 헬렌 자신의 설명에 덧붙일 말은 아무것도 없다.

De Rotero del Viage de Fernando de
Magallanes en de manda del Estrecho
Desde el parage del Cabo de Sant Agustin

2

헬렌 켈러의 말하기에 대해서

설리번 여사의 보고서에서

rados del dicho Cabo cosa de 27. leguas al
Sudueste.
Miercoles 30. del dicho tome el sol en 76. g
itenia de declinacion 22 g 59. m iel altura del
Polo fue 8 g 59. m iel camino fue al Susudueste.
A primero dia del mes de Dizembre Jueves
tuvo el sol 78 g de altura meridiana y 23 g
4. m de declinacion i nuestro apartamiento
11 g 4. m iel camino fue al Susudueste.
Viernes a 2. del dicho tome el sol en 80. g es
casos itenia de declinacion 23 g 9. m fue al
tura 13 g Justos iel Camino fue al Susudueste.
Sabado a 3. del dicho tome el sol en 82 g 15. m
i de clinacion 23. g 13. m y nu

「설리번 여사의 편지」를 읽고, 우리는 헬렌의 초기 교육의 궤적을 알 수 있었다. 그것은 교사와 학생의 고투의 과정이기도 했다. 시력과 청력을 잃은 커다란 아기였던 헬렌은 사랑과 복종을 배우고, 사물에는 이름이 있다는 사실을 알고, 지문자를 통해서 어휘를 늘려 자유롭게 의지를 표현할 수 있게 되었다. 다음으로 헬렌이 어떤 방법으로 이야기할 수 있게 되었는지를 설리번 여사의 보고서에서 소개하겠다.

우선 첫 번째로 서술하는 내용은 1894년 6월 초토쿠아에서 개최된 청각장애인을 위한 말하기 교육 추진 아메리카협의회 모임에서 발표된 설리번 여사의 보고서에서 발췌한 것이다. 이 보고서에서 그녀는 헬렌이 어떻게 말하는 법을 배웠는지를 이야기했는데, 그것은 헬렌 자신의 이야기와 거의 일치한다.

헬렌이 사람을 사귀는 데 가장 자연스럽고 보편적 수단인 음성 언어의 수업을 처음 받은 것은 지문자를 사용해서 소통하기 시작한 때부터 3년 후의 일이다. 아이는 지문자를 아주 능숙하게 사용해서, 지문자가 외부 세계와 연락을 주고받을 유일한 수단이었다. 아이는 지문자를 통해 어휘를 습득하고, 자유롭게 대화하고, 읽을 수 있고, 쉽고 정확하게 쓸 수 있게 되었다.

　그러나 아이 내면에서 목소리를 내려는 충동이 너무나 강해서 나는 그 본능적인 욕구를 억제하려고 했지만 예상대로 결국 헛수고가 되고 말았다. 나는 그때까지 아이에게 말하는 법을 가르쳐주려고 하지 않았다. 왜냐하면 아이가 타인의 입술을 볼 수 없다는 것은 극복할 수 없는 큰 장애라고 여겼기 때문이다.

　하지만 헬렌은 자신의 의지를 전달하는 방법이 주변 사람들이 하는 방법과 다르다는 사실을 조금씩 눈치채기 시작했다. 그러던 어느 날 헬렌은 자신의 마음을 표현했다.

　'눈이 보이지 않는 아이는 입으로 말하는 것을 어떻게 알아? 선생님은 왜 내게 그 아이들처럼 말하는 법을 가르쳐주지 않는 거야? 귀가 들리지 않는 아이도 말하는 법을 배워?'

나는 헬렌에게 귀가 들리지 않는 아이는 말하는 법을 배우지만, 그들은 선생님의 입을 볼 수 있어서 큰 도움이 된다고 설명했다. 헬렌은 내 이야기를 도중에 가로채면서 자신은 내 입을 확실히 느낄 수 있다고 말했다.

이 대화가 있고 나서 한참 뒤에 어떤 부인이 헬렌을 만나러 와서 눈과 귀가 불편한 노르웨이 아이 라근힐드 카타에 대해 이야기했다. 카타는 손가락으로 선생님의 입술을 만지면서 선생님이 한 말을 이해하고 말하는 법도 배웠다고 한다. 그러자 헬렌은 즉각 말하는 법을 배우기로 결심했고, 그 결심은 그날부터 오늘까지 단 한 번도 흔들린 적이 없다.

헬렌은 즉시 목소리 내는 것을(헬렌 자신은 말하는 것이라고 했지만) 시작했기 때문에 나는 그녀가 말하는 법을 배우기로 결심한 이상 올바른 교육이 필요하다고 생각했다. 나는 헬렌을 가르치기엔 부적절하다고 느꼈고 또한 발성 공부를 정식으로 한 적도 없었다. 그래서 조언을 얻기 위해 헬렌을 사라 풀러 선생께 데려갔다.

풀러 선생은 헬렌의 열정 가득한 모습에 기뻐하면서 바로 아이의 교육을 시작했다. 몇 번의 수업으로 아이는 영어의 음을 거의 모두 외우고, 한 달이 되기도 전에 수많은 단어를 정확하게 발음할 수 있게 되었다. 애초부터 아이는 하나의 음만을 연습하는 것에 만족하지 못하고 단어나 문장을 발음하고 싶어 했다. 단어의 길이나 음의 요소가 어려운 배열에도 결코 굴하지 않았다. 그러나 모든 열정과 지력을 기울여 말하는 법을 배우는 일은 아이의 두뇌를 극도로 혹사시켰다. 반면 날마다 습득해나가는 모습을 보면서 최종적인 성공 가능성을 느낄 수 있는 것은 큰 기쁨이었다.

헬렌의 성공은 그녀 친구들의 기대를 크게 웃돌 만큼 감동적이었다. 자신의 생각을 활기차고 정확한 발음으로 이야기할 수 있게 되자 아이의 기쁨은 매우 컸다. 그 기쁨은 또한 처음 헬렌을 만난 사람이 아이의 말을 알아듣자 아이가 기뻐하는 모습을 지켜본 모든 사람들의 기쁨이기도 했다.

나는 지금까지 헬렌이 자연스럽게, 즉 다른 사람과 똑같이 말할 수 있게 될 걸 예상했느냐는 질문을 몇 번이나 받았다. 나는 이 질문에 답하거나 혹은 이에 관련한 의견을 말할 생각은 없다. 다만 나는 헬렌의 가능성이 어디까지인지 미리 알려고 하지 않았다. 풀러 선생의 첫 수업 이후로 정규 수업을 전혀 받지 않은 아이치고는 정말 말을 잘한다고 청각장애인 교사가 놀랐을 때 나는 다음과 같이 대답할 뿐이었다.

"그것은 사람 흉내를 내는 습관, 그리고 연습, 연습, 연습의 결과입니다."

아이가 어떻게 말하는 방법을 배우는지는 자연이 결정하는 것이다. 그리고 우리가 할 수 있는 것은 가능한 한 단순하고 부드러운 방법으로 아이를 도우면서 목소리의 바이브레이션을 잘 관찰하고 따라 할 수 있도록 격려하는 것뿐이다.

존 메이시의 메모 – 더 자세한 내용은 설리번 여사가 이보다 빠른 1891년 퍼킨스 시각장애아 학교의 보고서에 실은 다음의 기술에서 알 수 있다.

나는 로라 브릿지먼이 목소리를 내고 싶어 한 것과 동일한 본능적 욕구를 보이면서 간단한 단어 몇 개를 외우고 그 단어를 사용하는 것을 아주 즐거워했다는 것을 알고 있었다. 그래서 헬렌도 이 정도까지는 할 수 있을 거라고 믿고 있었다. 하지만 나는 헬렌이 그걸 위해 소비할 시간과 노력에 상응할 만큼의 이익을 얻을 수 있다고는 생각지 않았다.

게다가 귀가 들리지 않으면 목소리는 단조로워지고 때로는 불쾌한 울림이 되기도 한다. 그러한 말투는 일반적으로 당사자와 친한 사람 외에는 알아듣기 힘든 법이다.

교육을 받지 않는 청각장애아가 말하기를 배우는 것은 일반적으로 느리고 힘들다. 청각장애아를 교육할 때 그들의 지적 발달에 오히려 방해가 될 수도 있는 발성 연습에 너무 지나친 역점을 두고 있다고 생각한다. 사실상 발성은 교육 수단의 일부에 불과하다. 그에 비해 지문자의 사용은 정신 활동을 자극하고 촉진한다. 왜냐하면 지문자를 통해 청각장애아는 영어와 가까워지고, 그 결과 수준 높은 추상적 생각도 쉽고 정확하게 전달할 수 있기 때문이다.

헬렌의 경우에도 지문자가 발성 학습에 효과적이라는 것이 증명되었다. 아이는 이미 많은 단어를 알고 있고 작문도 할 수 있어서, 남은 과제는 기계적인 어려움을 극복하는 것뿐이었다. 게다가 아이는 말하는 것이 얼마나 즐거운 일인지 알고 있고 노력의 목적도 확실히 인식하고 있었기 때문에, 성공했을 때의 기쁨을 예상해서 고역인 일도 쉽게 할 수 있었다. 아직 교육받지 않은 청각장애아는 발성을 가르쳐도 그것을 왜 하는지 모르기 때문에 말하기 수업은 오랫동안 지루하고 무의미한 것이 된다.

헬렌에게 말하는 법을 가르친 과정을 서술하기에 앞서, 그 아이가 발성 정규 수업을 받기 전에 어느 정도로 발성 기관을 사용하고 있었는지 짧게 쓰겠다.

아이는 생후 19개월에 병을 앓은 결과 시력과 청력을 잃었지만, 당시 말하기를 배우고 있었다. 유아의 무의미하고 서툰 말투는 나날이 아이가 느끼고 생각한 것의 의식적이고도 자발적인 몸짓이 되어가고 있었다. 그러나 병 때문에 음성 언어에 차질이 생겼다. 체력이 회복되었지만 아이는 이미 소리를 듣지 못했기 때문에 사람들이 알아들을 수 있도록 말할 수 없게 되었다. 하지만 아이는 보통 아이들처럼 발성 기관의 훈련만은 기계적으로 계속해왔다. 울음소리나 웃음소리, 단어의 요소를 발음할 때의 목소리 상태는 아주 자연스러웠다. 아이는 어떤 의미를 나타내려 하거나 또는 주변에서 일어나는 일들과 소통하기 위해서가 아니라 단지 타고난 기관의 표현 능력을 훈련하기 위해서만 목소리를 냈다.

아이는 늘 '물'이라는 단어를 말하려고 했다. 이 단어는 아이가 아기일 때 입술이 외운 최초의 발음 중 하나이자, 청력을 잃은 후에도 계속 발음해온 유일한 단어였다. 아이의 이 발음은 점차 불분명해져서 내가 처음 아이를 만났을 때는 단순한 잡음에 불과했다. 그래도 그것은 아이가 물을 위해 말할 수 있는 유일한 신호였다. 하지만 손가락으로 단어 적는 것을 배우게 되자 아이는 입으로 말하는 그 신호를 잊어버리고 말았다. '물'이라는 단어와 '잘 가(good-bye)'라는 단어에 상응하는 몸짓은 마치 병을 앓기 전 자연스럽게 터득해서 익숙했던 몸짓을 떠올리게 하는 듯했다.

감각을 통해서 (촉각을 포함한 넓은 의미에서 이렇게 말하지만) 외부 세계를 알게 되자, 아이는 자신의 주변 일들과 소통할 필요성을 더욱 강하게 느끼게 되었다. 아이의 작은 양손은 갖가지 사물과 접촉한다. 그래서 가까운 사람의 움직임을 느끼면 아이는 재빨리 그 동작을 따라 하려고 한다. 아이는 이렇게 해서 보다 긴급한 욕구나 많은 생각을 표현할 수가 있었다.

내가 아이의 선생이 되었을 때 아이는 스스로 60가지 정도의 몸짓을 만들고 있었는데, 그것은 모두 흉내 낸 것이라서 아이를 아는 사람들은 쉽게 이해할 수 있었다. 아이가 스스로 발명했다고 생각되는 유일한 몸짓은 '크다'와 '작다'라는 몸짓이다. 아이는 어떤 강한 욕구를 느끼면 상당히 다양한 표정으로 몸짓을 했다. 그러나 상대를 이해시키는 데 실패하면 매우 화를 냈다. 정신의 유폐 기간 중에 아이는 몸짓에 완전히 의지하고 있어서, 생각한 것을 표현하기 위한 음성 언어를 만들려고 하지 않았다. 그럼에도 불구하고 아이가 병으로 심하게 고통받고 있었던 동안에는 엄마 입술의 움직임을 알아차릴 수 있었던 것으로 보인다.

아무것도 할 일이 없을 때 아이는 불쾌하지는 않지만 기묘한 목소리를 내면서 쉼 없이 온 집 안을 돌아다녔다. 나는 아이가 한 손을 자신의 목에 대고 다른 손으로는 입술의 움직임을 느끼면서 길고 단조로운 목소리를 내며 인형을 흔드는 모습을 자주 보았다. 이것은 아이의 어머니가 아기에게 노래를 불러주는 것을 흉내 낸 것이다. 가끔 아이는 갑자기 웃음을 터뜨리고 나서 마침 그곳에 있던 사람에게 다가가 그 사람도 웃고 있는지 알기 위해 입을 만지려 했다. 웃고 있지 않는 걸 알면, 아이는 자신의 생각을 전달하려고 흥분하면서 열렬하게 몸짓을 했다. 그러나 친구를 웃게 하는 데 실패하면 아이는 당황하고 실망한 표정을 지은 채 한참을 조용히 앉아 있곤 했다.

아이는 소리 나는 것은 무엇이든 좋아했다. 아이는 고양이가 가르랑거리는 소리를 좋아했고, 또 강아지가 짖고 있는 걸 감지하면 무척 기뻐했다. 아이는 피아노를 치면서 노래 부르는 사람 옆에 서 있는 걸 언제나 좋아했다. 한쪽 손을 노래하는 사람 입에 대고 다른 손은 피아노 위에 얹고서 그 사람이 자기를 위해 노래하는 동안 내내 그렇게 서 있었다. 그러고 나면 길게 이어진 소리를 냈는데, 아이는 그걸 노래하는 것이라고 불렀다.

1890년 3월 이전에 아이가 발음을 배운 단어는, 명료함의 차이는 있지만 papa(아빠), mama(엄마), baby(아기), sister(여동생)뿐이었다. 이 단어들은 누가 가르쳐준 것이 아니라 친구의 입술에서 배운 것이다. 이 단어들에는 3개의 모음과 6개의 자음이 포함되어 있으며, 이것이 실제로 아이의 말하기 수업의 기초가 되었다.

첫 수업이 끝났을 때, 아이는 다음의 음을 정확하게 발음할 수 있었다. a, ä, â, è, ĭ, ô, c, 연자음으로서 s, 경자음으로서 k, 연자음 g, b, l, n, m, t, p, s, u, k, f, 그리고 d다. 아이에게 경자음은 지금도 마찬가지지만 같은 단어 안에 이어서 나올 경우 발음하기가 매우 어려워했다. 때로는 전자를 억누르고 후자를 바꿔버렸으며, 둘 다 부드러운 기식음으로 대체하는 일도 자주 있었다.

아이의 첫 말하기에선 특히 l과 r의 혼란이 눈에 띄었다. 어느 한쪽을 다른 쪽 대신 쓰는 경우가 많았다. r의 발음은 특히 어려워서 아이가 습득하는 데 가장 마지막까지 걸린 것 중 하나였다. ch · sh · 연자음 g도 어려워서 아이는 아직도 정확하게 발음하지 못한다.*

아이가 말하기 시작한 지 일주일도 되기 전에 친구인 로도 케나치 씨를 만났는데, 아이는 즉시 그 이름의 발음에 몰두해서 정확한 발음이 될 때까지 포기하려 하지 않았다. 아이의 관심은 결코 단 한 순간도 사라지지 않았다. 어떤 경우라도 어려움에 맞서면, 아이가 보여주는 열성으로 자신의 능력을 극한까지 발휘했다. 그 결과 아이는 11번의 수업으로 발음의 요소를 모두 외워버렸다.

*설리번 여사가 1891년에 찾아낸 어려운 점은 아마 오늘날에도 켈러 양의 말
하는 법에 보이는 어려운 점일 것이다.

존 메이시의 메모 – 헬렌 켈러 양의 선생님이 쓴 서술에서는 헬렌 켈러가 말하는 사람의 입술을 손가락으로 만지면서 이해하게 된 과정, 말하는 법을 배우는 과정, 그리고 지금처럼 대화할 수 있게 된 과정을 명확히 보여주고 있다. 다른 보고서에도 단언했듯이, 켈러 양은 입술을 읽는 것이 빠르지도 않고 정확하지도 않다. 설리번 여사나 지문자를 아는 사람이 동석해서 이야기하는 사람의 말을 켈러 양에게 알려주지 않는 한, 의사를 전달하기에는 어색하고 불완전하다. 실제로 친구가 켈러 양에게 말을 걸려다가 잘 되지 않을 경우에는 항상 설리번 여사가 켈러 양의 손에 놓친 단어를 적어주었다.

작년 봄, 루스벨트 대통령은 켈러 양과 이야기를 나누면서 켈러 양에게 자신을 알리는 데 거의 어려움을 느끼지 않았다. 그리고 켈러 양의 손에 아무것도 적지 말라고 설리번 여사에게 부탁했다. 대통령의 말투는 상당히 정확했기 때문에 그녀는 모든 단어를 이해했다. 켈러 양에게 자신의 이야기를 '들려주는' 것에 성공했다고 말한 사람은 거의 없다. 프랫 부인이나 챔버린 씨처럼 켈러 양과 아주 친한 몇몇만이 지문자 없이 하루 종일 그녀와 이야기할 수 있다. 입술을 읽는 능력은 말하기를 익히는 수단일 뿐 아니라 켈러 양이 설리번 여사와 다른 사람들로부터 자신의 발음을 교정하는 데 도움을 주었다. 하지만 그 능력은 필요해서라기보다는 오히려 하나의 성과다.

말하기는 헬렌의 기초 교육에 공헌하지는 않았지만, 말하는 능력 없이는 상급 학교나 대학에 거의 진학할 수 없다는 것을 잊어서는 안 된다. 헬렌은 말하는 것이 자신에게 얼마나 가치 있는 것인지 누구보다도 잘 알고 있다. 다음으로 기술할 내용은 1896년 6월 8일 펜실베니아주 필라델피아의 마운트·에이어리에서 열린 청각장애인을 위한 말하기 교육 추진 아메리카협의회의 다섯 번째 모임에서 있었던 헬렌의 강연이다.

마운트·에이어리에서 있었던 헬렌 켈러의 강연

오늘 여러분에게 이야기할 수 있는 것에 제가 얼마나 큰 기쁨을 느끼는지 아신다면, 여러분은 청각장애인에게 말하는 것이 얼마나 가치 있는 것인지를 이해할 수 있을 겁니다. 그리고 제가 왜 전 세계의 청각장애아에게 말하기 교육의 기회를 주고 싶다고 하는지 이유를 알 수 있을 거라 생각합니다. 저는 이 문제에 대해 많은 것이 언급되고 쓰여왔음을 알고 있고, 청각장애아를 교육하는 교사 중에서도 말하기 교육에 관해 의견 차이가 크다는 것을 알고 있습니다. 하지만 저에게는 이러한 의견 차이가 신기하게 느껴집니다. 우리가 자신의 생각을 살아 있는 말로 표현할 수 있다는 것에 얼마나 만족감을 느끼는지를 우리 교육에 관심을 가진 사람들이 평가할 수 없다는 것은 저로서는 이해할 수 없습니다.

저는 항상 입으로 이야기하지만, 그것이 얼마나 큰 기쁨인지는 정말이지 말로는 표현할 수 없을 정도입니다. 물론 처음 만나는 사람이 항상 제가 하는 말을 바로 이해할 거라고는 생각하지 않지만 언젠가는 이해할 수 있을 겁니다. 그리고 또 제가족이나 친구가 저의 말하는 능력을 기뻐하는 걸 알고 있으며, 저는 제가 말할 수 있다는 것이 말로 표현할 수 없을 만큼 행복합니다. 제 여동생이나 아기인 남동생은 긴 여름 밤, 제가 집에 있을 때에는 제게 이야기 듣는 것을 좋아합니다. 어머니나 선생님께서 동생들에게 제가 좋아하는 책을 읽어주라고 하실 때도 있습니다. 저는 아버지와 정치 문제에 대해 토론합니다. 그리고 아무리 복잡한 문제도 마치 제가 보거나 들을 수 있는 듯이 우리가 만족할 수 있도록 해결합니다.

그러므로 여러분은 말하는 것이 저에게 얼마나 은혜로운 일인지 아셨을 거라 생각합니다. 말을 할 수 있는 덕분에 저는 사랑하는 사람과 더 친밀하고 더 애정 깊은 교제를 할 수 있었고, 말을 할 수 없었다면 전혀 만날 기회도 없는 수많은 사람들과도 친밀한 관계를 맺을 수 있었습니다.

저는 말하는 법을 배우기 전의 일을 기억합니다. 자신의 생각을 지문자로 나타내기 위해 얼마나 악전고투했는지를, 즉 풀러 선생님이 어느 날 새장 문을 열어 놓아줄 때까지, 자유를 바라며 고투하는 작은 새들처럼 제 마음이나 생각이 늘 손가락 끝을 두드리고 있었는지 기억합니다. 작은 새들이 얼마나 열성적으로 그리고 얼마나 기쁘고 즐겁게 날개를 펼치면서 날아오르는지 아십니까? 물론 처음에는 하늘을 나는 것이 쉽지 않았습니다. 이야기라는 날개는 찢어지고 예전에 가졌던 기품과 아름다움은 잃고 말았습니다, 실제로 날아오르려는 충동 외에는 아무것도 남아 있지 않았습니다. 하지만 그것이 중요하죠. 높이 날고 싶다는 충동을 느끼는 사람은 어슬렁어슬렁 걷는 것에 만족하지 못합니다. 그럼에도 불구하고 하나님의 의도대로 제가 사용해야 하는데도 저는 이야기라는 날개를 사용할 수 없는 것이 아닌가 하는 생각을 여러 번 했습니다. 너무나도 많은 곤란과 낙담이 있었습니다. 그러나 저는 결국에는 인내가 이긴다는 것을 알고 있었기 때문에 계속 노력했습니다. 작업하는 동안 저는 가장 아름다운 공중누각을 지어놓고 꿈을 꾸었는데, 그것은 다른 사람과 똑같이 말할 수 있게 되면 얼마나 즐거울까 하는 꿈이었습니다. 어머니께 다시 한 번 제 목소리를 들려줄 수 있다는 기쁨이 모든 노고를 달콤하게 만들고 어떠한 실패도 다음엔 더 힘내자는 자극이 되었습니다.

그러므로 저는 말하는 법을 배우려는 사람과 그것을 가르치고 있는 사람들에게 말하고 싶습니다. 힘을 내십시오! 오늘의 실패를 생각하지 말고 내일의 성공을 생각합시다. 여러분은 스스로에게 어려운 일을 주었지만 참고 견뎌내면 반드시 성공할 겁니다. 그리고 장애를 극복한 기쁨을, 만약 몇 번이나 뒤로 넘어지지 않았다면 얻을 수 없었거나 또는 늘 길이 매끄럽고 쾌적했다면 얻을 수 없었던 울퉁불퉁한 길을 기어오른 기쁨을 찾아낼 겁니다. 아름다운 일을 달성하려는 우리의 노력은 결코 헛되지 않다는 것을 잊지 맙시다. 언젠가, 어디선가, 반드시, 우리는 바라고 있는 것을 발견할 겁니다. 우리는 말할 것이고, 그리고 노래도 부를 겁니다. 우리가 이야기하고 노래하도록 하나님이 의도한 그대로 말이죠.

❖당신은 언제나 옳습니다. 그대의 삶을 응원합니다. ─ **라의눈 출판그룹**

헬렌켈러는
어떤 교육을 받았는가
초판 1쇄 2014년 12월 15일
    3쇄 2020년 7월 7일

지은이 장호정
펴낸이 설응도   편집주간 안은주
영업책임 민경업

펴낸곳 라의눈

출판등록 2014 년 1월 13일(제 2014−000011호)
주소 서울시 강남구 테헤란로 78 길 14−12(대치동) 동영빌딩 4층
전화 02−466−1283   팩스 02−466−1301

문의(e−mail)
편집 editor@eyeofra.co.kr
마케팅 marketing@eyeofra.co.kr
경영지원 management@eyeofra.co.kr

ISBN : 979-11-86039-10-6 03370